Sprengsatz Inflation

*Henrik Müller* ist promovierter Volkswirt und stellvertretender Chefredakteur des *manager magazins*. Für seine Arbeit wurde er mit zahlreichen Preisen ausgezeichnet. Er schreibt das Blog »Müllers Welt« und ist Autor mehrerer Bücher, darunter *Die sieben Knappheiten* (Campus Verlag, 2008).

Henrik Müller

# Sprengsatz Inflation

Können wir dem Staat noch vertrauen?

Campus Verlag
Frankfurt/New York

Bibliografische Information der Deutschen Nationalbibliothek:
Die Deutsche Nationalbibliothek verzeichnet diese Publikation in der
Deutschen Nationalbibliografie. Detaillierte bibliografische Daten
sind im Internet unter http://dnb.d-nb.de abrufbar.
ISBN 978-3-593-39145-8

Umschlaggestaltung: Anne Strasser, Hamburg
Umschlagmotiv: Mauritius
Satz: Fotosatz L. Huhn, Linsengericht
Druck und Bindung: Beltz Druckpartner, Hemsbach
Gedruckt auf Papier aus zertifizierten Rohstoffen (FSC/PEFC).
Printed in Germany

Besuchen Sie uns im Internet: www.campus.de

# Inhalt

Kapitel 1

# Letzter Ausweg Inflation

## Wie die Krise des Geldes zur Krise des Geldwerts führt

In diesem Buch geht es um Opportunismus, Rücksichtslosigkeit, Habgier und Ignoranz. Genauer: Es geht um opportunistische Notenbanker, rücksichtslose Politiker, habgierige Banker und ignorante Ökonomen.

Es geht um einige grundlegende Fragen: Wie konnte es passieren, dass die Geldverhältnisse derart außer Kontrolle geraten sind? Wie war es möglich, dass inflationäre Entwicklungen immer weiter um sich greifen konnten, ohne dass jemand dagegen einschritt? Warum droht die wichtigste Währung der Welt (der US-Dollar) zerstört und die zweitwichtigste (der Euro) ausgehöhlt zu werden? Warum kam es zu jener langen Kette falscher Entscheidungen, die letztlich zur größten Finanzkrise der Geschichte geführt haben, zu einer Jahrhundertrezession, die nun in eine Ära der großen Inflation münden dürfte?

Weil Notenbanker sich angesichts rapider Preissteigerungen für nicht zuständig erklärten und die Zügel in (vermeintlich) guten Zeiten schleifen ließen.

Weil Politiker zuließen, dass sich untragbar hohe Schuldenlasten auftürmen konnten, die die Geldwertstabilität bedrohen.

Weil Banker einen endlosen Boom forderten, der wenige reich machte und im folgenden Crash viele arm.

Weil Ökonomen wortreich und unter Berufung auf komplizierte mathematische Modelle erklärten, alles sei in Ordnung.

Aber es war nicht in Ordnung. Vieles läuft falsch, seit Jahren schon. Jetzt kommt die Rechnung. Und niemand weiß, wie hoch sie am Ende ausfallen wird.

Die derzeitige Lage weckt böse Erinnerungen. Zweimal binnen einer Generation, 1923 und 1948, verloren die Deutschen ihre Geldvermögen. Bis heute bewahren viele Familien die absurden Millionenlappen auf, schlechtes, mies bedrucktes Papier, dem man ansieht, dass es kaum mehr Wert hatte als das Material selbst. Zeugnisse verlorener Ersparnisse der Groß- oder Urgroßeltern – Erinnerungen an die schlechte alte Zeit. Die Bilder der Inflationszeit haben sich ins kollektive Gedächtnis geätzt: Kinder, die mit backsteingroßen Geldpaketen spielen, als wären es Bauklötze; Frauen, die den Ofen mit Bündeln von Scheinen befeuern, weil sie billiger waren als Briketts; Männer, die Haufen von Papiergeld wiegen lassen, weil zählen eine Ewigkeit dauern würde. Inflation ist ein deutsches Trauma. Nie wieder sollte es so weit kommen. Das war das Versprechen der jungen Bundesrepublik. Nie wieder sollten die Menschen um ihr Geld betrogen werden. Ein neuer Anstand sollte einkehren in Deutschland, auch in ökonomischen Dingen. Nie wieder Krieg. Nie wieder Inflation.

Doch diese altbundesrepublikanische Gewissheit wankt. Die Erholung nach der Krise droht einen Inflationsschub zu bringen, wie es ihn seit Generationen nicht mehr gegeben hat. Auf die große Weltrezession könnte in den kommenden Jahren eine große Preisexplosion folgen – wenn es nämlich nicht gelingt, all die Gelder wieder aus dem System zu entfernen, die im Zuge der Krisenbekämpfung hineingeschüttet wurden. Die Geldbombe ist gezündet – die Welt harrt der Explosion mit Schaudern.

### Surfen auf der Liquiditätswelle: von der offenen zur verdeckten Inflation

Schon seit längerer Zeit erleben wir eine Entwicklung, die ich als verdeckte Inflation bezeichne. Weil die Notenbanken die Wirtschaft mit Geld überschwemmten, weil Banken und Schattenbanken (Hedgefonds, Private-Equity-Gesellschaften) auf liberalisierten Finanzmärkten geldähnliche Papiere nach Gier und Laune erfinden konnten, weil den Regierungen wichtiger Länder das Staatsgeld locker saß – all dieser Entwicklungen wegen surfte die Welt auf einer gigantischen Liquiditätswelle. Normalerweise steigen unter solchen Bedingungen die Preise für Waren und Dienstleistungen rapide an: Die Bürger haben mehr Geld in den Taschen, sie kaufen mehr, sodass letztlich das Leben teurer wird; es kommt zu offener Inflation – offen in dem Sinne, dass die Verbraucherpreise ansteigen und die offiziellen Statistiken Inflation anzeigen. Doch in den vergangenen anderthalb Jahrzehnten war die ökonomische Konstellation anders, deshalb blieb eine solche normale, lehrbuchmäßige Reaktion aus. Das heißt: Der Prozess der Geldvermehrung setzte eine andere Mechanik in Gang als in den Jahrzehnten zuvor. Denn die beiden fundamentalen Entwicklungen der neunziger Jahre, Globalisierung und Liberalisierung, sorgten für einen verschärften weltweiten Wettbewerb. Preise gerieten unter Druck, weil billigere Anbieter aus China oder Osteuropa auf den Weltmarkt drängten. Löhne gerieten unter Druck, weil Firmen mit der Verlagerung von Produktionsstätten an billigere Standorte drohen konnten und die Macht der Gewerkschaften schwand. Deshalb war der Inflationsmechanismus früherer Jahrzehnte – die Lohn-Preis-Spirale – außer Kraft gesetzt. Das ökonomische Tempolimit schien aufgehoben zu sein. Eine cashbefeuerte Vollgasökonomie sollte die ganze Welt auf eine neue Wohlstandsstufe heben.

Eine tolle Sache? Nun ja, all die Liquidität, die auf dem Globus herumschwappte, brach sich anderswo Bahn: an den Börsen, auf den Immobilienmärkten, auf den Rohstoffmärkten. Ganze Unternehmen wurden für aberwitzige Summen verhökert; Private-Equity-Gesellschaften, die weniger mit Eigenkapital (Equity) als mit spottbilligen Krediten zahlten, trieben die Bewertungen in die Höhe. Auch Schulden und ihre Ausfallrisiken wurden zu teils abstrus hohen Preisen gehandelt. Sogar exotische Anlagegü-

ter – Kunstgegenstände, Bordeauxweine, Briefmarken – wurden
von der Geldwoge erfasst und nach oben gespült. All die Liquidität, die Notenbanken, Regierungen und Banken in den Markt gepumpt hatten, schuf einen monetären Druck, der nach und nach
praktisch allen Vermögenswerten dramatische Preissteigerungen
bescherte. Parallel dazu nahm die Verschuldung von Bürgern und
Unternehmen immer weiter zu – die Zinsen waren ja so niedrig.

Auf breiter Front rasch steigende Preise – man muss das Inflation nennen. Aber kaum einer sprach das schmutzige I-Wort aus.
Dann hätte man nämlich den schönen und für manchen höchst
einträglichen Boom beenden müssen mittels höherer Zinsen, steigender Steuern, sinkender Staatsausgaben und strikterer Regulierungen. Also taten alle so, als sei das ökonomische Tempolimit
aufgehoben – als könne die neue Hochgeschwindigkeitswirtschaft
einen Rekord nach dem anderen aufstellen, ohne lebensgefährli-
che Sicherheitsrisiken eingehen zu müssen.

Man verließ sich auf die traditionellen Tachometer der Notenbanker, die Verbraucherpreis-Indizes, die ja nichts Dramatisches
anzeigten. In den üblichen Warenkörben, an denen sich die Sta-
tistiker bei der Ermittlung der Inflationsrate orientieren, schlugen sich die überbewerteten Vermögensgüter kaum nieder. Dass
beispielsweise zwischen 2000 und 2007 in den USA die Häuserpreise um 40 Prozent stiegen, in Großbritannien, Spanien und
Frankreich gar um 80 Prozent – es wurde allgemein mit Freude
zur Kenntnis genommen. Die Bürger fühlten sich reicher, die Bauwirtschaft boomte. Daran konnte doch nichts Schlechtes sein. *Let
the good times roll* – gemäß des alten Rock'n'Roll-Songs agierten
Notenbanken und Regierungen. Auf dem Höhepunkt der US-Im-
mobilienrallye, im letzten Quartal 2005, stiegen die Häuserpreise
in Amerika um sagenhafte 13 Prozent gegenüber dem Vorjahres-
quartal. Schlug irgendjemand Alarm? Immerhin wiesen damals
einige vorsichtig auf die unhaltbare Entwicklung hin. Zum Beispiel William White, zu jener Zeit Chefvolkswirt der Bank für Internationalen Zahlungsausgleich (BIZ), der Baseler Denkzentrale

der Notenbanken der Welt, mit dem ich in den vergangenen Jahren regelmäßig Hintergrundgespräche geführt habe. Aber er blieb eine Ausnahme. Die Fachwelt diskutierte angeregt. Regierungen und Notenbanker ließen die Dinge treiben. Und manche führten sich gar als Cheerleader des Booms auf, zumal die Banker, die satte Geschäfte machten, auch wenn die spätere Rechnung schrecklich hoch werden sollte. Wie gesagt: Opportunismus, die guten Zeiten laufen zu lassen; Rücksichtslosigkeit gegenüber denen, die später die Zeche zahlen müssen; Ignoranz gegenüber den unübersehbar gefährlichen Entwicklungen; Habgier angesichts der Möglichkeit, ganz schnell fantastisch reich zu werden – all diese allzu menschlichen Eigenschaften haben die Misere verursacht.

Die Richtung gab Alan Greenspan vor, der langjährige und legendäre Chef der US-amerikanischen Federal Reserve Bank, der Fed. Gemäß seiner »Greenspan-Doktrin« sollten die Notenbanken dem Boom nicht in die Zügel greifen. Wenn es zum Crash komme – und das würde unweigerlich der Fall sein, weil jede Preisblase irgendwann platzen muss –, sollten die Notenbanken den ganzen Dreck mit abermals voll aufgedrehtem Geldhahn wegspülen. Die Schulden, die die Banken, Unternehmen und Bürger unvorsichtigerweise im Boom aufgetürmt hatten, würden einfach weginflationiert. So nannte man das natürlich nicht, aber es lief auf nichts anderes hinaus: Die Notenbanker produzierten eine weitere Geldwoge mit dem Ziel, die Preise von Aktien, Immobilien, Anleihen und anderen Vermögenswerten so weit zu heben, dass die Schulden nicht mehr so schwer wogen und die Party einem neuen Höhepunkt zustreben konnte.

Hauptaufgabe der Notenbank ist es nach der Greenspan-Doktrin (die nach wie vor viele Anhänger hat), Deflation zu verhindern – durch aggressive Zinssenkungen und notfalls durch unkonventionelle Liquiditätsspritzen, wie sie die Notenbanken seit Ausbruch der heißen Phase der Finanzkrise im Herbst 2008 vorgenommen haben. Dahinter steckt eine abstruse Umdeutung der Verantwortlichkeiten: Zuerst ermöglicht die staatliche Notenbank durch schrankenlose Geldvergabe einen höchst ungesunden Boom – also eine inflationäre Entwicklung. Um sich später für die Folgen nicht für zuständig zu erklären. Wenn der Boom im Crash endet, wird Deflation in der Tat zur Gefahr: Hohe Schulden drücken; die Bankbilanzen sind aus dem Gleichgewicht, sodass kaum Kredite vergeben werden; die Nachfrage bricht ein – all das kann dazu führen, dass es zu Deflation kommt (dass das Preisniveau also dauerhaft sinkt), dass Massenarbeitslosigkeit und schlimme Pleitewellen folgen und eine sich selbst verstärkende Abwärtsspirale in Gang gesetzt wird. Dagegen müssen staatliche Institutionen tatsächlich etwas tun. Aber um es klar zu sagen: Die Verantwortung dafür, dass es überhaupt so weit kommen konnte, liegt bei den Notenbanken und den Regierungen. Sie erst haben die Bedingungen für die Deflation geschaffen, weil sie zuvor die Inflation ignorierten oder wegdefinierten. Deflation ist meist eine Spätfolge inflationärer Politik.

Die Greenspan-Doktrin schien eine Zeit lang zu funktionieren. Nach dem Zusammenbruch des Hegdefonds LTCM 1998 und nach dem Platzen der Internetblase 2000 gelang es den Notenbanken tatsächlich, binnen kurzem die Wirtschaft wiederzubeleben. Doch die folgende Blase der ersten Dekade des 21. Jahrhunderts wurde so groß und umfasste so viele Märkte – Immobilien, Rohstoffe, Firmen und zahlreiche mehr –, dass nach ihrem Platzen große Teile der Bankensysteme rund um den Globus verstaatlicht werden mussten, dass viele Staaten an den Rand des Bankrotts gerieten, dass Teile des Welthandels zum Erliegen kamen, dass Unternehmen massenhaft Pleite gingen und auch die verbliebenen nicht mehr investierten, dass Massenarbeitslosigkeit die reichen Länder bedrohte und Hunger die armen Länder.

Lernen wir etwas daraus?

## Die Verrohung der monetären Sitten: letzter Ausweg Inflation

Die Notenbanken agieren in der Krise wie gehabt: Sie fluten die Welt mit Geld. Mit mehr Geld als jemals zuvor. Auch die Regierungen pumpen Billionen in die Wirtschaft, die die Steuerzahler von heute, morgen und übermorgen mit Schulden in Rekordhöhe belasten. Dies ist der Nährboden für künftige Inflationsschocks – für die Enteignung der Gläubiger und Sparer zugunsten der Schuldner. Für die Zerstörung der Geldordnung.

Natürlich, so weit muss es nicht kommen. Aber in der Welt nach der großen Krise ist Inflation der scheinbar leichteste Ausweg. Alle übrigen Optionen – Sparen, hohe Steuern und Abgaben, niedrigere staatliche Leistungen – sind hart, unpopulär und extrem langwierig. Es bleibt die Hoffnung auf hohes Wachstum: Aus den Schulden herauszuwachsen wäre zweifellos der eleganteste Weg. Aber darauf können wir lange warten, zumal der Wachstumspfad durch die Krise selbst nach unten abgeknickt ist.

Letzter Ausweg Geldentwertung? »So sieht es aus«, sagte mir Avinash Persaud. Der auf Barbados geborene Wirtschaftsprofessor gilt derzeit als einer der einflussreichsten Finanzmarktvordenker. Er glaubt, dass die Inflation aus Frustration über die lang anhaltende Stagnation kommen werde:

> »Um das Wachstum anzukurbeln, werden die Regierungen auf eine expansive Geldpolitik setzen. Sie werden versuchen, die gigantischen Schuldenlasten, die am Ende die öffentlichen Haushalte belasten, wegzuinflationieren. Den Vereinigten Staaten wird gar nichts anderes übrig bleiben, als Geld zu drucken. Und das wird sogar halbwegs populär sein, populärer jedenfalls als die Alternative: Steuererhöhungen. Eine junge, hoch verschuldete Gesellschaft wie die amerikanische findet Inflation attraktiver als höhere Steuern.«

Europa und andere Weltregionen werden sich einem solchen Szenario kaum entziehen können. Schließlich ist die Verrohung der monetären und fiskalischen Sitten bereits in vollem Gange. Und zwar grenzüberschreitend. Die Frage ist weniger, ob wir eine Phase höherer Inflationsraten bekommen, sondern wie hoch diese Raten sein werden. 5 Prozent? 25 Prozent? 100 Prozent? Noch mehr? Es könne passieren, dass westliche Länder am Ende von 200 Prozent Inflation geplagt sein werden, obwohl sie doch nur 2 Prozent wollten, befürchtet der Harvard-Professor Kenneth Rogoff, ehemals Chefvolkswirt des Internationalen Währungsfonds. Zu unkalkulierbar seien die Folgen der dramatischen Geldvermehrung während der Krise, als die Notenbanken nicht nur die Zinsen auf Werte nahe null senkten, sondern auch begannen, direkt Staats- und Firmenanleihen oder Pfandbriefe gegen US-Dollar, Euro oder Pfund Sterling zu tauschen. Ob man all dieses im System umherschwirrende Geld rechtzeitig wieder einfangen kann, ist die große Frage, die sich im Aufschwung stellt. Technisch sollte es möglich sein, das Geld wieder zurückzuholen. Politisch wird es nach der großen Krise schwierig: Angesichts von Massenarbeitslosigkeit und der prekären Lage der öffentlichen Finanzen wird der Widerstand gegen entschiedene Zinserhöhungen, die den gerade beginnenden Aufschwung dämpfen, massiv sein. Man muss kein Schwarzmaler sein, um zu erwarten, dass auf die große Geldvermehrung die große Geldentwertung folgt.

Schon sind die akademischen Vordenker dabei, die Standards zu senken. Rogoff verkündete bereits, dass es besser wäre, für ein paar Jahre 5 bis 6 Prozent Inflation zu haben. Jetzt müsse es darum gehen, die Deflation zu bekämpfen. Lieber 6 Prozent Inflation als 3 Prozent Deflation – das ist die Botschaft. Aber warum nicht 16 Prozent Inflation? Oder noch mehr? Was der Begriff »Geldwertstabilität« bedeutet, wird derzeit neu definiert. Bislang galten Inflationsraten von rund 2 Prozent als tolerierbar. Viele Notenbanken, darunter die Europäische Zentralbank, verfolgten das ausdrückliche Ziel, die Preissteigerungsraten in dieser Größenordnung zu halten. 1,5 bis 3 Prozent – das war der Standard, auf den sich in den vergangenen Jahrzehnten alle eingestellt hatten: Gewerkschaften und Arbeitgeber, Bürger und Unternehmen, Schuldner und Gläubiger, Finanzminister und Steuerzahler. Doch die Jahrhundertkrise, die viele Gewissheiten zerstört hat, lässt nun auch die monetären Maßstäbe verschwimmen.

Und anders als in den vergangenen 15 Jahren droht nun keine verdeckte Inflation, die bloß Aktien oder Immobilien verteuert, aber die Verbraucherpreise kaum beeinflusst. Jetzt droht eine offene Inflation.

## Neun Preistreiber: Warum die offene Inflation wiederkommt

Bereits vor Ausbruch der Weltwirtschaftskrise im Herbst 2008 war die offene Inflation für einen Moment zurück. Im Winter und Frühjahr 2008 explodierten die Rohstoffpreise förmlich, Lohnforderungen der Gewerkschaften wurden forscher, die offiziellen Inflationsstatistiken wiesen steil steigende Inflationsraten aus – 5 Prozent in den USA, 4 Prozent im Euroland, deutlich zweistellig in vielen Schwellenländern. Die Entwicklungen zeigten, dass hier eine altbekannte Preissteigerungsdynamik am Werk war. Anders als in den vergangenen zwei Jahrzehnten, als die Inflation verdeckt ablief, sich also kaum auf die Güterpreise übertrug, ist offene Inflation nun wieder ein Thema. Warum? Weil die Faktoren, die in der Vergangenheit Preise und Löhne dämpften, nicht mehr wirken oder sich sogar umgekehrt haben. Neun fundamentale Entwicklungen verschärfen die Inflationsproblematik:

1. *Die hohe Staatsverschuldung bremst das Wachstum.* In der Krise haben die Staaten mit zusammen Billionen von Euros ihre Banken gerettet. Sie haben die größten Konjunkturpakete der Geschichte geschnürt, während gleichzeitig die Staatseinnahmen durch hohe Arbeitslosigkeit sowie wegbrechende Einkommen und Gewinne stark zurückgegangen sind. Entsprechend sind die Staatsschulden in fast allen westlichen Ländern um zig Prozentpunkte in die Höhe geschnellt. Die Zinsen auf diese Schulden werden die öffentlichen Budgets auf lange Zeit belasten: Steuern und Abgaben werden hoch bleiben und womöglich steigen, sie werden die wirtschaftliche Entwicklung entsprechend hemmen. Ausgaben werden in den kommenden Jahren gekürzt werden, insbesondere staatliche Investitionen, was den

Wachstumsbeitrag der öffentlichen Sektoren hemmen wird. Unter dem Strich mindert die dramatisch ungünstigere Haushaltslage die langfristigen Wachstumsaussichten – es sei denn, die Schulden werden radikal weginflationiert.

2. *Der große Liberalisierungsschub ist vorbei.* Märkte werden wieder eher geschlossen als weiter geöffnet. Der Staatseinfluss auf die Wirtschaft ist gestiegen. Sogar einzelne Unternehmensentscheidungen werden jetzt politisch mitbestimmt. Angeschlagene, vom Staat gerettete Unternehmen werden tendenziell vor Wettbewerb geschützt. Weniger Wettbewerb bedeutet mehr Preissetzungsmacht für die Unternehmen, die sie nutzen werden, sobald die Nachfrage wieder anzieht.

3. *Eine Welle von Protektionismus hat die Welt erfasst.* Seit die große Krise ausbrach, sind sich die Nationalstaaten wieder selbst die nächsten, aller Beteuerungen des Gegenteils zum Trotz. Besonders deutlich sichtbar ist das in der Autoindustrie, wo nationale Staatshilfen für einzelne Werke in Europa, wie das Gezerre um den Autobauer Opel gezeigt hat, und Zollschranken für chinesische Reifenimporte in den USA 2009 Einzug hielten. Aber auch in anderen Branchen schützt der Staat heimische Unternehmen vor ausländischem Wettbewerb. In den vergangenen zwei Jahrzehnten war die Globalisierung der große Kostendämpfer: Weil billig aus Schwellenländern importiert werden konnte, sanken die Preise. Weil die Produktionskapazitäten weltweit stark ausgeweitet wurden, war es bei vielen Industrieprodukten für die Unternehmen kaum möglich, Preissteigerungen durchzusetzen. Im Zuge der Krise schrumpfte der Welthandel ab Herbst 2008 schnell, und zwar mit Raten von mehr als 30 Prozent, ein Rückgang, wie er seit dem Zweiten Weltkrieg nicht verzeichnet worden war. Die Frage ist, ob und wie rasch sich der globale Güteraustausch erholt. Eine Verlangsamung – oder gar eine teilweise Umkehr – der Globalisierung begrenzt tendenziell das Angebot auf einzelnen Märkten und schafft die Bedingungen für künftige Preissteigerungen.

4. *Die Standortkonkurrenz lässt nach.* Im Zuge der Globalisierung konnten Unternehmen einzelne Aktivitäten an Standorte verlagern, wo die Kosten, vor allem Löhne, niedriger waren. Diese Standortkonkurrenz erzwang in den reichen Ländern Lohnzurückhaltung, insbesondere in der Industrie, aber auch in immer mehr Dienstleistungsbranchen. Vor die Alternative gestellt, Lohnzugeständnisse zu machen oder ihre Jobs zu verlieren, entschieden sich die Belegschaften in der Regel für bescheidenere Lohnsteigerungen oder gar für Kürzungen. Die Macht der Gewerkschaften schwand. Umverteilung und Lohnsetzung waren nicht mehr so leicht möglich. Dadurch war die Lohn-Preis-Spirale, der Inflationsmechanismus der sechziger und siebziger Jahre, außer Kraft gesetzt. Im Zuge der Krise ist die Politik zurück im ökonomischen Spiel. Firmen, die auf staatliche Unterstützung angewiesen sind oder es in Zukunft sein könnten, werden es sich lange überlegen, ob sie weiterhin Produktionsteile an Niedriglohnstandorte verlagern und sich damit den Unmut der Politik zuziehen. Die nun eingeschränkte Standortkonkurrenz vergrößert womöglich den nationalen Verteilungsspielraum; Bedingung für kräftige Lohnsteigerungen – und für das Einsetzen einer sich selbst verstärkenden Inflationsdynamik.

5. *Die Ära billiger Energie ist vorbei.* Die Ära der verdeckten Inflation – der niedrigen ausgewiesenen Inflationsraten – ging einher mit einer Phase, in der Öl billig war. Sehr billig sogar. Nach den Ölschocks der siebziger Jahre sanken in der ersten Hälfte der achtziger Jahre die Ölpreise rapide, nämlich auf ein Viertel ihrer Spitzenwerte von 1980, dem Höhepunkt der zweiten Ölkrise. Die Phase der Güterpreisstabilität, die daraufhin anbrach, war also zunächst eine importierte Entwicklung. Bis Mitte der ersten Dekade des 21. Jahrhunderts verharrten die Ölpreise real (also in Relation zum Preisniveau des Durchschnitts aller Konsumgüter) auf niedrigem Niveau. Seither allerdings haben sich die Bedingungen verändert. Öl und andere Energieträger sind nicht mehr reichlich vorhanden, sondern werden zunehmend

knapper. Viele Ölfelder gehen zur Neige. Vor allem aber ist die Nachfrage nach Öl dramatisch angestiegen. Die rasche Industrialisierung Chinas, aber auch weiterer Schwellenländer hat die Situation auf den Energiemärkten vollkommen verändert. Im Sommer 2008 zeigten Höchststände um 150 US-Dollar pro Fass Rohöl an, dass eine neue Ära angebrochen ist, in der Energie zum Engpassfaktor für die Wirtschaftsentwicklung geworden ist. Sogar in der folgenden Superrezession sanken die Preise kaum unter 40 US-Dollar pro Fass. Ein Wert, der noch zehn Jahre zuvor auch bei guter Konjunktur für Panik gesorgt hätte. Ein Wert, der anzeigt, wie prekär die Ölversorgung inzwischen ist. Im Aufschwung wird diese Knappheit umso spürbarer sein – mit entsprechend drastischen Preissteigerungen.

6. *Die Industrialisierung der Schwellenländer treibt die Rohstoffpreise.* Was für fossile Energieträger gilt, nämlich dass sie inzwischen fundamental knapp und teuer sind, gilt auch für andere Rohstoffe. Der Aufbau der Industrie in den großen Schwellenländern – vor allem in China, aber nicht nur dort – macht Industriemetalle wie Kupfer oder Molybdän begehrt. Ihre Preise vervielfachten sich bereits Mitte der ersten Dekade des 21. Jahrhunderts und brachen dann in der Rezession ein. Mit der wirtschaftlichen Erholung, die in den Schwellenländern früher einsetzte als anderswo, stiegen die Preise jedoch rasch wieder an. Es gibt kaum einen Fachmann, der nicht einen steigenden Preistrend für die kommenden Jahre unterstellt. Das gilt erst recht für die Nahrungsmittelpreise. Der Hungerschock, den die Rohstoffblase von 2008 hinterließ, ist in vielen Teilen der Welt noch spürbar. Veränderte Ernährungsgewohnheiten der neuen Mittelschichten in den Schwellenländern – mit steigendem Einkommen wird mehr Fleisch und werden mehr Milchprodukte konsumiert – sorgen für einen nachhaltigen Anstieg der Nachfrage. Dazu kommt die Subventionierung von Biokraftstoffen wie Biodiesel und Ethanol aus Raps, Weizen oder Mais in der Europäischen Union und den USA, die die für Nahrungsmittel

bebaubare Fläche stark verkleinert hat. Eine absurde Politik: Der weiterhin deutlich steigenden Bevölkerungszahl – der Globus wird bald von sieben Milliarden Menschen bevölkert sein, annähernd dreimal so viele wie noch 1950 – steht nur eine begrenzte Fläche fruchtbaren Landes gegenüber. Auf längere Sicht wird deshalb das Angebot an Nahrungsmitteln relativ knapp bleiben. Der Preistrend zeigt eindeutig nach oben und schürt die Inflation – gerade in ärmeren Ländern, wo Nahrungsmittel einen großen Anteil am Warenkorb für die Konsumentenpreise ausmachen, weil die Menschen dort einen großen Teil ihrer Einkommen fürs Essen aufwenden müssen, lassen steigende Nahrungsmittelpreise die Inflationsraten förmlich explodieren.

7. *Im Westen werden die Menschen knapp.* In den reichen, westlichen Volkswirtschaften schlägt sich die Alterung der Gesellschaft bereits am Arbeitsmarkt nieder. In den ersten Volkswirtschaften – Japan, Deutschland, Teile Osteuropas – beginnt der Anteil der Menschen im arbeitsfähigen Alter (üblicherweise definiert als Personen im Alter von 15 bis 64 Jahren) an der Gesamtbevölkerung zu sinken. Das heißt: Weniger Menschen stehen dem Arbeitsmarkt zur Verfügung. Damit dreht sich ein Trend der vergangenen Jahrzehnte um, als Angehörige der geburtenstarken Jahrgänge auf den Arbeitsmarkt drängten – und für einen entsprechenden Druck auf die Löhne sorgten. In Deutschland kommt erschwerend hinzu, dass die Zuwanderung, in den sechziger und siebziger Jahren einer der Treiber des Wachstums, keinen positiven Beitrag zur Entwicklung des Arbeitsangebots mehr leistet. Im Gegenteil: Während in den vergangenen Jahren immer weniger Ausländer nach Deutschland gekommen sind, zogen immer mehr (zumeist höher qualifizierte) Deutsche ins Ausland. Je weniger qualifizierte, fähige Leute es gibt, desto eher wird es, jedenfalls für diese Gruppe, zu Lohnsteigerungen auf dem Arbeitsmarkt kommen. Das ist die Rückkehr der Lohn-Preis-Spirale in neuem Gewand.

8. *Das effektive Arbeitsangebot schrumpft durch die Krise.* Das mag auf den ersten Blick widersinnig klingen. Schließlich haben viele Millionen Menschen durch die globale Rezession ihren Job verloren, sind nun arbeitslos und suchen eine neue Anstellung. In der technokratischen Ökonomensprache ausgedrückt, müsste es also für längere Zeit einen »Angebotsüberhang« geben: Die Millionen von Arbeitslosen sollten auf den Arbeitsmarkt drängen, auch zu niedrigen Gehältern, und jegliche Lohn-Preis-Spirale im Ansatz ersticken. Wer dringend einen Job sucht, ist schließlich zu allerlei Zugeständnissen bereit. Dieser Angebotsüberhang allerdings sollte nicht überschätzt werden. Denn diese Krise ist keine simple Rezession – sie hat den Trend der Wirtschaftsentwicklung verändert: Die Krise beschleunigt den Strukturwandel. Viele der Arbeitslosen werden danach nicht mehr in ihren alten Qualifikationen gebraucht, weil manche Wirtschaftszweige nicht wieder auf ihr altes Produktionsniveau zurückkehren werden. Dies gilt insbesondere für die Boombranchen der Boomjahre. Nachhaltig schrumpfen werden Teile der Industrie wie Maschinenbau, Fahrzeugbau und Metallverarbeitung (infolge schwacher Exportnachfrage aus den Schwellenländern), aber auch des Bankensektors (infolge der Regulierung) oder der Medien (infolge des Abwanderns der Erlösquelle Werbung zu direkterer Kundenansprache). Zugleich wachsen neue Branchen heran wie Umwelt- und Energietechnologien, und zwar auch als Folge einer veränderten Wirtschaftspolitik. Personen mit spezifischer Qualifikation in einer schrumpfenden Branche sind aber nicht so leicht in einer anderen, nun wachsenden Branche einsetzbar: Ein Ingenieur, der bislang großvolumige Benzinmotoren gebaut hat, kann nicht von heute auf morgen Elektromotoren oder Batterien für die Autos der Zukunft entwickeln; ein Arbeiter in der Pkw-Montage kann nicht einfach in die Altenpflege wechseln; während viele Architekten händeringend nach Arbeit suchen, sind Bauingenieure, die sich mit energieeffizienten Bautechnologien (*green*

*building*) auskennen, schwer zu finden – derlei Beispiele gibt es reichlich. Weil die angebotenen und die nachgefragten Qualifikationen nicht zusammenpassen, kann es trotz hoher Arbeitslosigkeit zu deutlichen Lohnsteigerungen bei den begehrten Kräften kommen.

9. *Die Krise bremst den Kapazitätsausbau.* Die meisten Unternehmen haben ihren üblichen Kapazitätsausbau in der Krise ruhen lassen. Sie haben ihre Kapazitäten heruntergefahren oder sind vollständig vom Markt verschwunden. Das normale Wachstum des Bestandes an Maschinen und Anlagen ist für längere Zeit annähernd zum Stillstand gekommen. Beschäftigte sind entlassen worden, ihre Fähigkeiten und ihr Know-how sind verschwunden. Fortbildungsmaßnahmen wurden gekürzt. Mit anderen Worten: Die gesamtwirtschaftlichen Produktionsmöglichkeiten wachsen jetzt langsamer. Deshalb erreicht die Wirtschaft schneller die Inflationsschwelle, deshalb ist die inflationsfrei erreichbare maximale Expansionsrate gesunken – deshalb erreicht die Wirtschaft schneller ihr ökonomisches Tempolimit. Die steigende Nachfrage nach der Krise stößt auf ein stagnierendes Angebot. Entsprechend sensibel werden die Preise reagieren, sobald die Nachfrage das Angebot zu übersteigen droht.

Diese neun Faktoren sind die Treiber einer offenen Inflation. Und leider wird es eine simple Rückkehr zu vorinflationären Zeiten nicht geben. Denn machen wir uns nichts vor: Die niedrigen – offiziellen – Inflationsraten der vergangenen zwei Jahrzehnte verdankt die Welt weniger der Genialität und der Unbeugsamkeit der Notenbanken, sondern vor allem sehr vorteilhaften historischen Umständen. Eine günstige Demografie sorgte in den hoch entwickelten Ländern für ein breites Angebot an Arbeitskräften; die Lasten der Alterung waren noch kaum spürbar. Zugleich sorgte die Öffnung der Märkte weltweit für einen Angebotsschock, der die Steigerungsraten bei Preisen und Löhnen dämpfte. Dazu kamen als dritte Komponente niedrige Energie- und sonstige Rohstoffpreise, die die Preisentwicklung beruhigten. Die Globalisierung nahm ihren Lauf, aber die Newcomer der Weltwirtschaft – die großen Schwellenländer – waren noch nicht so hoch entwickelt, als dass sie die Erde an den Rand ihrer Entwicklungskapazitäten hätten bringen können.

Aber diese Phase ist vorbei: China, Indien, Russland, Brasilien und andere bevölkerungsreiche Nationen haben inzwischen einen so hohen Entwicklungsstand erreicht, dass die Welt an den Rand ihrer Produktionskapazitäten bei natürlichen Ressourcen – bei Rohstoffen, Nahrung und vor allem Energie – kommt. Es wird enger auf der Erde. Und wir erleben derzeit erst den Anfang.

Die Welt erreicht künftig früher ihre Überhitzungsschwelle – die Inflation beschleunigt sich nun bei niedrigeren Wachstumsraten als in der Vergangenheit. Das reale Wirtschaftswachstum zu erhöhen wird allenfalls auf längere Sicht gelingen: durch Innovationen, durch einen Strukturwandel hin zu weniger rohstoffintensiven Wirtschaftsweisen, durch Investitionen in Bildung und Forschung, durch Reformen der Sozialsysteme, mit dem Ziel, der Alterung der Arbeitsgesellschaften entgegenzuwirken.

Inflationsbekämpfung war in den zurückliegenden beiden Jahrzehnten eine vergleichsweise leichte Übung, weil viele Trends disinflationär wirkten. Notenbanker und Regierungen hatten das Glück, über einen langen Boom präsidieren zu können. Dass es nebenbei auch zu gefährlichen Fehlentwicklungen kam – zu all den Preisblasen auf den Märkten für Vermögenswerte –, definierten sie einfach weg. Oder sie erklärten sich für nicht zuständig.

Jetzt kommen ungleich größere Herausforderungen auf sie zu.

## Unter Druck: die Politik des kommenden Inflationsschocks

Die Generation der heutigen Notenbanker, die so sehr auf ihre Glaubwürdigkeit pocht, hat in Wahrheit wenig für ihren guten Ruf geleistet. Es waren ihre Vorgänger, die in den achtziger Jahren die »Große Inflation« unter Kontrolle bringen mussten. Damals waren Härte, Sturheit und Überzeugungskraft gefragt. Von den großen Figuren jener Generation – voran Paul Volcker in den USA, Robin Leigh-Pemberton in Großbritannien und Karl Otto Pöhl in Deutschland – haben die heutigen Notenbanker ihren Nimbus geerbt. Gemessen an der damaligen Stabilisierungsarbeit war Zentral-Banking in den neunziger Jahren und zu Beginn des neuen Jahrtausends leicht. Klar, die Euroeinführung erforderte politisches Fingerspitzengefühl. Und die Sicherungen des Zahlungsverkehrs nach den großen Schocks – dem Platzen der Internetblase, den Terroranschlägen des 11. Septembers 2001, dem plötzlichen Austrocknen der Geldmärkte nach der Pleite der US-Investmentbank Lehman Brothers im Herbst 2008 – waren schwierige Aufgaben. Aber sie stellten doch eher technische Probleme dar. Die Notenbanker waren als Krisenmanager gefordert, was in Volk und Politik das Vertrauen in ihre Fähigkeiten als ökonomische Großhirne und wahre Wirtschaftslenker noch steigerte. Mit politischen Widerständen hatten sie kaum zu kämpfen. Die Welt vertraute ihren obersten Geldmanagern. Und sie übertrug ihnen immer mehr Aufgaben. Doch in den kommenden Jahren werden die Notenbanker unter extrem starkem Druck von außen stehen. Selten war das politische Umfeld für eine solide Geldpolitik so ungünstig. Der Druck wird von allen Seiten kommen. Und er wird brutal sein.

Schauen wir uns das Szenario an, wie es sich in den Jahren nach der Krise darstellt. Die Wirtschaft zeigt Symptome der Erholung. Aber die Wunden der Superrezession und der Finanzkrise schmerzen noch brennend: Immer noch sind Millionen von Menschen arbeitslos, und ihre Aussichten, wieder einen Job zu bekommen, sind unsicher. Die Staatshaushalte sind zum Zerreißen gespannt. Die öffentliche Kreditaufnahme bleibt hoch. Viele westliche Volkswirtschaften verzeichnen Defizite von rund 10 Prozent des Bruttoinlandsprodukts. Amerikas Gläubiger werden zunehmend nervös: Chinesen, Golf-Araber, Russen und andere zögern, den USA weiterhin Geld zu leihen. Auch in

Europa haben einige Staaten Schwierigkeiten, sich zu finanzieren. Staatsbankrotte kleinerer Länder können nur unter großen Schwierigkeiten abgewehrt werden. Der Euroraum gerät von mehreren Seiten unter Druck: Einerseits steigen die Spannungen innerhalb der Währungsunion, weil mehrere Länder immer weiter an Wettbewerbsfähigkeit verlieren und klar wird, dass sie in eine Schuldenfalle getappt sind, dass es aber nach wie vor keine Mechanismen gibt, sie aus dieser Situation zu befreien. Andererseits suchen immer mehr Staaten Schutz unter dem Zelt des Euro: Nationen wie Polen, Tschechien, die baltischen Staaten oder Island haben bereits ihr Interesse bekundet. Ihr Beitritt wird die Spannungen im Euroraum noch verschärfen – und die Machtverhältnisse innerhalb der Zentralbank verschieben –, ohne dass irgendjemand wüsste, wie man die damit einhergehenden Probleme in Zukunft lösen könnte.

Die politische Debatte dreht sich vor allem um zwei Themen: notwendige Etatkürzungen und Steuererhöhungen. Wie sonst sollen die Haushalte saniert werden? Die Sozialausgaben, in vielen Ländern der größte Brocken im Budget, müssen runter. Schließlich sind die Kreditfinanzierungsmöglichkeiten durch die Krise ausgereizt. Jetzt drücken hohen Schuldenlasten – in den reichen Ländern sind die staatlichen Verbindlichkeiten im Zuge der Krise um 50 Prozent und mehr nach oben geschossen. Die Spardiskussionen erzeugen politische Gegenkräfte. Die Straßen sind voller Demonstranten. Ohnehin strukturschwache Regionen drohen, in einem Teufelskreis aus ökonomischem und sozialem Verfall und politischer Radikalisierung abzusaufen. Europäische Staaten geraten an den Rand der Regierungsunfähigkeit.

Die Superrezession geht zwar zu Ende – aber wie ein Aufschwung fühlen sich die Jahre danach nicht an. In Amerika und Europa ist ein spürbares, reales Wachstum, das die Beschäftigung und die Einkommen der Bürger anheben würde, nicht in Sicht. Besser ist die Lage in Schwellenländern wie China und Indien, wo die Wirtschaft rascher wieder Fahrt aufnimmt. Zwar bleibt sie hinter den 10-Prozent-Wachstumsraten des Jahrtausendbeginns zurück, weil die Nachfrage aus dem Westen schwach bleibt und Rohstoffengpässe die Entwicklungsmöglichkeiten begrenzen. Aber immerhin: Die großen Schwellenländer sind wieder auf dem Wachstumspfad. Dies hat zwei unmittelbare Auswirkungen für das globale Inflationsszenario: Zum einen steigt die Inflation in diesen Ländern sprunghaft an, jedenfalls sofern sie sich weiterhin an US-Dollar, Euro und anderen westlichen Währungen orientieren; sie folgen dem westlichen Niedrigzinskurs, obwohl ihre heimische Wirtschaft eigentlich nach monetärer Abkühlung verlangt. Zum anderen bringt die Erholung in Asien erneuten Stress für die globalen Energiemärkte: Ihre wachsenden Industrien erhöhen die Nachfrage nach Rohstoffen. Und steigende Ölpreise treiben auch im Westen die Inflation in die Höhe.

Hohe Energiepreise sind für die Verbraucher in Europa und Amerika schmerzhaft: Sie verlieren reale Kaufkraft in einer Situation, in der die Löhne stagnieren und sie ohnehin weniger Geld zur Verfügung haben – und ihnen zudem noch die Kürzung staatlicher Leistungen droht. Dadurch steigt der politische Druck, die Löhne zu erhöhen – was einigen, besonders begehrten Beschäftigten angesichts der demografisch bedingten Engpässe auf dem Arbeitsmarkt auch gelingt und für andere Gruppen auf dem Arbeitsmarkt Signalwirkung hat. Zugleich macht der ölpreisbedingte Kaufkraftverlust die Erhöhung von Steuern und Abgaben politisch noch schwerer durchsetzbar, weil diese Maßnahmen einen weiteren Kaufkraftverlust mit sich brächten. Entsprechend verschlechtert sich die Lage der öffentlichen Haushalte weiter. Hohe Defizite können kaum noch auf den Finanzmärkten finanziert werden. Umso attraktiver wird der staatliche Zugriff auf die Notenbank, wird die politisch erzwungene Geldvermehrung. Die Folge ist eine Geldentwertung.

Letzter Ausweg Inflation – das dürfte vor allem die USA betreffen. Bereits in der Finanzkrise hat die amerikanische Regierung die Federal Reserve Bank dazu gebracht, amerikanische Staatsschulden aufzukaufen. Im Endeffekt hat die Fed neue US-Anleihen gekauft und dafür US-Dollarnoten gedruckt. Doch auch die Bank of England sprang auf diese Art dem britischen Finanzminister bei. *Deficit spending by printing money* – so begannen fast alle großen Inflationsphasen in der Geschichte.

Zurück zum Szenario: In der schwierigen Gemengelage der Nachkrisenzeit wird die Fed gedrängt, weiterhin bei der Finanzierung des überbeanspruchten Staatshaushalts zu helfen. Eine rasche Rückführung der in der Finanzkrise aufgeblähten Notenbankbilanzen? Höhere Zinsen? All das wäre jetzt eigentlich angezeigt, um nach der Initialzündung der steigenden Ölpreise die aufflackernde Inflation im Ansatz zu ersticken. Aber es ist jetzt politisch nicht durchsetzbar. Etwas mehr Inflation sei nicht schlimm, beeilen sich Wirtschaftsprofessoren zu argumentieren. Und Notenbanker verweisen darauf, dass bestimmte Preise ja gar nicht in die Höhe schössen – die »Kerninflationsrate« sei schließlich kaum gestiegen; das Phänomen bleibe auf die Energiemärkte beschränkt und deshalb sei es eigentlich gar kein Problem. *No action needed.* Im Wegdefinieren von Problemen sind Notenbanker geübt. Sie bekommen viel Applaus für so viel »Augenmaß« und »Pragmatismus« – aus der Politik (die Handlungsspielräume erhalten will), von den Gewerkschaften (die den Jobaufbau nicht behindert sehen wollen und auf kurzfristige Verteilungsspielräume hoffen), von den Unternehmen (die auf niedrige Zinsen zur Investitionsfinanzierung hoffen) und von den Banken (die sich weiter billig bei der Zentralbank verschulden und damit satt Geld verdienen wollen).

Die Ölpreise steigen, Amerika wagt mehr Inflation – und verändert damit die Inflationsstandards. Das ist das Kernszenario, wie ich es für die kommenden Jahre sehe. 2 Prozent Inflation nicht zu überschreiten, ist nun nicht mehr das ultimative Ziel der Geldpolitik. Die Maßstäbe verschwimmen. Das gilt auch für den Außenwert des US-Dollar, der gegenüber anderen Währungen deutlich an Wert verliert, insbesondere gegenüber dem Euro. Europas Wechselkurse wiederum gehen durch die Decke, was zwar den Effekt steigender Energiepreise dämpft, der ohnehin angeschlagenen exportorientierten Industrie jedoch schadet. Unternehmensverbände und Gewerkschaften fordern Maßnahmen gegen die Aufwertung. Im Endeffekt heißt das: Hände weg von Zinserhöhungen, die den Euro noch weiter stärken würden. Womöglich gar Zinssenkungen und Interventionen am Devisenmarkt – expansive Maßnahmen mit dem Ziel, den Euro zu schwächen. Immer mehr Regierungen in Europa – zumal solche in Ländern mit chronisch hohen Leistungsbilanzdefiziten und schwindender Wettbewerbsfähigkeit – können sich für eine flexiblere Auslegung des Begriffs »Preisstabilität« erwärmen. Und wer sich solchen Forderungen entgegenstellt, muss sagen, wie er die Finanznöte vieler Euroländer denn sonst lindern will: Etwa mit Transferzahlungen zwischen Mitgliedstaaten? Sollen also Deutsche und Niederländer für Griechen, Italiener oder Portugiesen zahlen? Und das in einer Situation, da auch in Berlin und Den Haag die öffentlichen Finanzen großen Belastungen ausgesetzt sind? Kaum vorstellbar. Das politische Risiko einer laxeren Geldpolitik erscheint vor diesem Hintergrund relativ beherrschbar.

Zugegeben, dies ist keine Prognose, sondern ein Szenario, zudem ein mit breitem Pinsel skizziertes. Aber die Dynamik, die es beschreibt, ist bereits in Ansätzen sichtbar, während ich dies im Herbst 2009 schreibe. Eigentlich müssten sich Regierungen und Notenbanken im Aufschwung entschlossen den massiv gewachsenen Inflationsgefahren entgegenstellen. Aber die Anreize sind groß, genau dies zu unterlassen und stattdessen nach einer langen Winterstarre die allmähliche wirtschaftliche Erwärmung einfach geschehen zu lassen – auch wenn sie in einer letalen Überhitzung enden sollte.

Angesichts der tiefen Krise, die 2008 offen ausbrach, deren Vorboten sich aber bereits Jahre vorher ankündigten, drängen sich historische Parallelen geradezu auf.

## Blick auf die Geschichte, erster Teil: von Hyperinflation und galoppierender Inflation

Es gibt inzwischen wieder Ökonomen, die sogar eine Hyperinflation für möglich halten, wie sie in den frühen zwanziger Jahren des vergangenen Jahrhunderts herrschte. Als einer der ersten fasste Joachim Fels, Londoner Chefvolkswirt der Investmentbank Morgan Stanley, dieses Szenario ins Auge. »Angesichts der Größe der derzeitigen und noch kommenden ökonomischen und finanziellen Probleme«, schrieb Fels bereits Anfang 2009, »und angesichts der Größe des monetären und fiskalischen Stimulus, den Zentralbanken und Regierungen diesen Problemen entgegensetzen«, sei das Risiko sehr hoher Inflationsraten »nicht zu ignorieren«. Es sei zwar ein Extremszenario, ein Long-Tail-Event, ein Ereignis ganz am Rande der Wahrscheinlichkeitsverteilung. Dennoch sollten sich Investoren darauf vorbereiten, so Fels. Ein vernünftiger Rat, schließlich war auch die Finanzkrise, das Zusammenschmelzen des gesamten Finanzsektors, ein Ereignis, das noch 2007 als so unwahrscheinlich galt, dass kaum jemand Vorsorge dafür traf. Seither haben sich die Risikoeinschätzungen zweifellos geändert.

Hyperinflation – das bedeutet eine Steigerung des Preisniveaus um 50 Prozent und mehr pro Monat. Ein ökonomisches Horrorszenario, aber kein vollkommen irreales. Hyperinflationen treten immer wieder auf. Die Deutschen wissen das nur zu gut. Immer noch sind die Währungsreformen von 1923 und 1948 und die vorangegangenen Inflationen nationale Traumata.

1922/1923 verlor die Reichsmark monatlich 322 Prozent an Kaufkraft. 133 Druckereien, 30 Papierfabriken und 29 Druckplattenfabriken waren damals damit beschäftigt, Geld zu produzieren – 10 Milliarden Scheine im Nennwert von sagenhaften 400 Trillionen Mark binnen eines Jahres. Niemand achtete mehr darauf, ob die Scheine wertvoll aussahen oder fälschungssicher waren. Um die gigantische Nachfrage nach Barem befriedigen zu können, stellte die Reichsbank von Tiefdruck mit Kupferplatten auf Schnellpressen und Rotationsmaschinen um. 7 500 Menschen waren mit der Papiergeldherstellung befasst. Ein monetär getriebenes Beschäftigungsprogramm, zynisch betrachtet.

Man muss sich vorstellen, was Inflationsraten von einigen 100 Prozent monatlich bedeuten: Das Geld verliert seine Funktion. Die Zahlung höherwertiger Wirtschaftsgüter – eines Schranks oder eines Anzugs beispielsweise – wird plötzlich physisch unmöglich, weil Geldmengen fällig werden, die in keine Tasche mehr passen und nur noch mit dem Wagen transportiert werden können, selbst wenn es Scheine gibt, die Nennwerte in Höhe von zig Millionen tragen. Die Wertmaßstäbe verschwimmen. Was teuer und was billig ist, können die Menschen nicht mehr zuverlässig beurteilen, da die Preise sich von Tag zu Tag ändern. Angebote sind nicht mehr vergleichbar, das Marktgefüge wird hochgradig intransparent. Das Geld auf dem Konto und in der Tasche verliert seinen Wert rapide. Menschen kaufen irgendwelche Dinge, die hoffentlich beständiger sind – Hauptsache weg mit dem Geld! Wer Anleihen des Staates oder von Unternehmen besitzt oder Bankschuldverschreibungen gekauft hat, die einen festen Zinssatz tragen, wer Kapitallebensversicherungen oder kapitalgedeckte Rentenversicherungen besitzt – all diese Menschen werden enteignet. Entsprechend schwindet das Vertrauen in die Institutionen, die ihnen das angetan haben – in den Staat, in die Wirtschaft, ins Finanzsystem. Zynismus und Hoffnungslosigkeit grassieren. Wer auf staatliche Hilfszahlungen angewiesen ist – Rentner, Arbeitslose, Pflegebedürftige –, verliert einen Großteil seiner Unterstützung, weil die gezahlten Sätze nur verzögert erhöht werden. Beschäftigte schaffen es nicht, Lohnerhöhungen im Gleichschritt mit den Preissteigerungen durchzusetzen. Allenfalls im Nachhinein können sie Anpassungen aushandeln, sodass viele Menschen nicht nur den Verlust ihres Finanzvermögens, sondern auch reale Einkommensverluste erleiden. Natürlich produziert die Inflation auch Gewinner: Wer reale Werte – Immobilien, Aktien, ganze Firmen – besitzt, erleidet zumindest keinen unmittelbaren Verlust seines Vermögens und kann eventuell sogar Wertsteigerungen einstreichen. Wer verschuldet ist, dem werden faktisch die Schulden erlassen.

Doch zahlenmäßig sind die Gewinner nur eine kleine Gruppe von Menschen, während die Mitte der Gesellschaft verliert: die Kleinbürger, die von ihren schmalen Einkommen etwas Geld gespart und gar keine andere Chance haben, als es in Anleihen, Lebensversicherungen oder Investmentfonds anzulegen, und die nun ihr über Jahre sauer zusammengekratztes Vermögen verlieren; die Arbeiter, deren Reallöhne sinken und deren Lebensstandard immer weiter absackt; Rentner und Arbeitslose, von denen immer mehr in prekäre Lebenslagen abrutschen.

Weil die Mehrheit der Bürger verliert, zielt die Inflation direkt ins Herz der Gesellschaft – sie destabilisiert das Gemeinwesen und das politische System. Mehr noch: Jeder Einzelne empfindet den Verlust der Kaufkraft als Verlust von Selbstwert. Schließlich ist Geld weit mehr als eine Recheneinheit, als ein Tausch- und Wertaufbewahrungsmittel. Geld hat weit mehr Funktionen, als meist angenommen wird. Schon Ende des 19. Jahrhunderts wies der deutsche Denker Georg Simmel in seiner *Philosophie des Geldes* darauf hin. Ökonomen, gerade solche, die höheren Inflationsraten das Wort reden, unterschätzen die Bedeutung des Geldes dramatisch. In modernen Marktgesellschaften ist Geld der eine zentrale Wertmaßstab. Die soziale Stellung, die Verfügungsrechte über Ressourcen aller Art, die Entfaltungsmöglichkeiten des Individuums und das Maß an Freiheit, das es genießt – all das hängt davon ab, wie viel Geldwert ein Mensch zur Verfügung hat. Es hängt nicht mehr an Kategorien wie Stand, Herkunft oder Gottesgnadentum, wie in feudalistischen Gesellschaften oder Stammesverbünden früherer Epochen. Menschen erleben den Wertverlust ihres Geldes deshalb ganz persönlich als Wertverlust ihrer selbst – als Schmach, als Kränkung, als fundamentale Verunsicherung, als zutiefst frustrierenden Einschnitt in ihre Biografie. Entsprechend groß ist die resultierende soziale und politische Sprengkraft.

So war es auch 1923. Die totale Inflation zerstörte die gesell-

schaftliche Ordnung und führte in heftige, ja blutige Verteilungskämpfe. »Deutschland versank in Anarchie«, schreibt der Historiker Harold James, Professor an der US-Eliteuni Princeton, in seiner
*Geschichte Europas im 20. Jahrhundert*: »Das Erbe der Inflation war
schrecklich und folgenreich. [...] Viele fühlten sich von den mäch-
tigen Organisationen betrogen und glaubten, das ›System‹ arbeite
gegen den ›kleinen Mann‹. Die ökonomische Destabilisierung
brachte nicht nur materielle, sondern auch humanitäre Werte ins
Rutschen.« James weist darauf hin, dass Joseph Goebbels damals
bei der Dresdner Bank arbeitete und »während der Inflationszeit
zum heftigen Antisemiten« wurde. Er habe den »Antisemitismus
als Weg« gesehen, »gegen Materialismus und Geldkultur zu pro-
testieren. Auf einer grundsätzlichen Ebene zerstörte die monetäre
Unsicherheit alle verbliebenen Werte.«

Die politische und die ökonomische Destabilisierung gehen
Hand in Hand. Sie verstärken sich gegenseitig. Damit es zu einer
Hyperinflation kommen kann, bedarf es einiger Grundvorausset-
zungen: eines hoch verschuldeten Staates, der sich nicht anders
zu helfen weiß, als die Notenbank anzuweisen, ihn mit der Notenpresse zu alimentieren; einer zutiefst verunsicherten Gesellschaft, die sich ihrer Werte und ihres inneren Zusammenhalts
nicht mehr sicher ist; schlechter Zeiten, die ökonomische Verwerfungen verursachen und soziale Spannungen verschärfen. So wie
in Deutschland in der Zeit nach dem Ersten Weltkrieg. Der Krieg
war verloren, der Kaiser hatte abgedankt, die für das Reich neue
Staatsform der Demokratie wurde von Teilen der Gesellschaft,
zumal der Reichswehr und der Beamtenschaft, abgelehnt. Eine
ganze Generation war desillusioniert, traumatisiert und häufig auch körperlich versehrt aus dem ersten industriell und mit
Massenvernichtungswaffen (Gas) geführten Krieg zurückgekehrt
und fand sich im zivilen Leben nicht zurecht. Freikorps machten
die Straßen unsicher. Es herrschte Massenarbeitslosigkeit. Politischer Mord war ein gängiges Mittel der politischen Auseinandersetzung.

Die ökonomische und die fiskalische Basis blieben schwach: Die Industrie musste die Konversion zur Friedenswirtschaft hinbekommen, ein gewaltiger Strukturwandel. Das Rheinland, die wichtigste Industrieregion, deren Steuern einen beachtlichen Teil zur Staatsfinanzierung hätten beitragen können, war nach wie vor französisch besetzt. Die demokratische Reichsregierung, die die Kriegsschulden des Kaiserreichs geerbt hatte, die Reparationen an die Siegermächte des Krieges zahlen sollte und der große Teile der Nation überhaupt die Legitimation absprachen, versuchte durch eine Ausweitung der Sozialausgaben zur Befriedung der Gesellschaft beizutragen. Die Steuern zu erhöhen, wie es fiskalisch geboten gewesen wäre, wagten die Regierenden nicht. Also wiesen sie die Reichsbank an, die Defizite durch die Notenpresse zu finanzieren. *Deficit spending by printing money* – so entstehen Hyperinflationen. Der Staat gerät in einen Teufelskreis: Gestiegene Inflationsraten lassen die Zinsen in die Höhe schnellen, was die Neuverschuldung des Staates auf dem Kapitalmarkt noch teurer – oder sogar unmöglich – macht. Umso schwieriger wird die Situation für den Finanzminister, der sich nicht anders zu helfen weiß, als die Drehzahl der Notenpresse zu erhöhen.

Das Wechselspiel aus politischer, gesellschaftlicher und ökonomischer Destabilisierung produzierte 1923 die schlimmste Hyperinflation, die die Welt bis dahin erlebt hatte. 1914, vor Kriegsausbruch, lag der Wechselkurs der Reichsmark gegenüber dem US-Dollar bei 1 zu 4,2. Im November 1923 hatte sich der Wert auf 1 zu 4,2 Billionen verflüchtigt. Die ausländischen Geldgeber des Reiches, vor allem amerikanische Investoren, zogen ihr Geld ab. Sie hatten ihr Vertrauen verloren. Die Finanzierung durch Kapitalimport war nicht mehr möglich.

Nicht nur Deutschland erging es nach dem Ersten Weltkrieg so. Zwischen 1919 und 1925 erlitten drei weitere europäische Staaten – Österreich, Ungarn, Polen – sowie die Sowjetunion eine Hyperinflation, und sie waren mit Ausnahme Polens allesamt Kriegsverlierernationen. Fundamental destabilisiert und verunsichert,

dazu hoch verschuldet und in akuten wirtschaftlichen Schwierigkeiten, ruinierten sie ihre Geldwesen – aus Verzweiflung, Hilflo-
sigkeit, Unfähigkeit und Rücksichtslosigkeit.

»Es gibt kein subtileres und besseres Mittel zum Sturz der bestehenden Gesellschaftsordnung, als die Währung zu ruinieren«,
hatte der britische Ökonom John Maynard Keynes 1919, gleich
nach dem Krieg, mit Blick auf die hohen Schuldenstände der Staaten gewarnt. Tatsächlich stand auch Großbritannien damals mit
132 Prozent der Wirtschaftsleistung in der Kreide. Im Zuge der
Weltwirtschaftskrise ab 1930 erhöhte sich dieser Wert noch weiter auf 188 Prozent im Jahr 1937. Dennoch blieb das Pfund Sterling
stabil, produzierte die Londoner Regierung keine Hyperinflation.
Allen Widrigkeiten zum Trotz blieb Britannien eine stabile Gesellschaft mit funktionierenden Institutionen, denen die Bürger und
die internationalen Investoren Vertrauen entgegenbrachten. Der
hohe Schuldendienst belastete zwar den Haushalt, aber die bestehende Ordnung blieb intakt.

Kann es heute wieder zu Hyperinflationen kommen? Seit den
fünfziger Jahren des 20. Jahrhunderts kamen monetäre Desaster nur in institutionell geschwächten Entwicklungsländern vor,
zumal in Lateinamerika, wo das Erbe brutaler Militärdiktaturen,
staatlicher Misswirtschaft und krasser Klassengegensätze die
Gesellschaften destabilisiert hatte, so in Bolivien (1984/85), in Argentinien und Brasilien (1989/90) und in Peru (1990). Auch jetzt
erscheint es einigermaßen abenteuerlich, Hyperinflationen in
Ländern wie den USA oder im Euroland vorherzusagen. Dennoch:
Vorsicht ist geboten. Die Finanzkrise und die folgende Weltrezession haben die politischen und ökonomischen Bedingungen
grundlegend verändert. Die größte Schuldnernation der Welt, die
USA, ist darauf angewiesen, dass ausländische Sparernationen wie
China und die Ölexporteure ihr horrendes Staatsdefizit decken.
Weil aber der nötige Kapitalimport nicht mehr selbstverständlich gesichert scheint, begann die US-Notenbank Federal Reserve
2009 damit, Staatsanleihen aufzukaufen. Das wurde als *quantita-*

*tive easing* verkauft, als quantitative Lockerung durch Erhöhung der Geldversorgung angesichts drohender Deflationsgefahren. Aber es war eben auch dies: die Deckung eines Teils der öffentlichen Neuverschuldung durch das Drucken von Geld. Die Chinesen und andere US-Gläubigernationen äußerten sich besorgt und begannen, nach Alternativen zum US-Dollar zu suchen. Sollten die USA das Vertrauen ihrer Kapitalgeber verlieren, bliebe ihnen in Zukunft angesichts hoher Schulden, einer chronischen Abneigung ihrer Bürger gegen hohe Steuern und einer niedrigen einheimischen Ersparnis wohl gar nichts anderes übrig als die Staatsfinanzierung durch die Beschleunigung der Notenpressen. Das sind beunruhigende Aussichten.

Dass es zu Episoden von Hyperinflation in hoch entwickelten Ländern wie den USA kommt, ist ein unwahrscheinliches Ereignis, ein Long-Tail-Event. Aber eine galoppierende Inflation wie in den siebziger und achtziger Jahren, als in vielen Ländern zeitweise Geldentwertungsraten zwischen 5 und 20 Prozent herrschten – auch in Großbritannien und in den USA –, erscheint für die kommenden Jahre durchaus plausibel. Dazu bedarf es keines völligen Zusammenbruchs des Gemeinwesens wie in Deutschland nach den Weltkriegen, schon eine gehörige Verunsicherung genügt. Solche Phasen erleben Gesellschaften immer wieder, zumal in ökonomisch schwierigen Zeiten. Die USA in den siebziger Jahren – das war eine Nation, die geschockt war von einem verlorenen Krieg (Vietnam), von einem kriminell agierenden Präsidenten (Richard Nixons Watergate-Affäre), von gesellschaftlichen Konflikten (Rassen- und Studentenunruhen), von politischem Mord (an John F. und Bob Kennedy sowie Martin Luther King), vom Verlust des freien Zugriffs auf die arabischen Ölquellen (was zu den Ölkrisen 1973 und 1980 führte). Es fand zwar keine Finanzierung des Staatshaushalts durch die Notenbank statt, aber die Staatsdefizite waren hoch, und das gesellschaftliche und politische Klima stand einer entschieden antiinflationären Geldpolitik durch die Fed entgegen. Auch in Großbritannien lief damals die Inflation davon. Das Land

galt als unregierbar, geschüttelt von teils militanten Arbeiterpro-
testen, von konfessionell motiviertem Terror in Nordirland und
von den Phantomschmerzen einer einstigen Weltmacht, die ihre
Kolonien endgültig verloren hatte und nun auf das Format einer
europäischen Mittelmacht geschrumpft war. Ähnlich war die Situation in anderen westlichen Ländern: Sie waren verunsicherte
Nationen, die unfähig waren, dem Inflationsschub durch die steigenden Ölpreise Einhalt zu gebieten.

Die Parallelen zu heute sind unverkennbar: Auch Finanzkrise
und Weltrezession sorgen für eine fundamentale Verunsicherung – nicht nur auf privater Ebene, weil viele Menschen vom
Verlust des Arbeitsplatzes bedroht sind, sondern auch auf einer
grundsätzlicheren Ebene, weil die Fundamente des Wertesystems
und der Wirtschaftsordnung beschädigt sind und das Vertrauen
in die privatwirtschaftlichen und staatlichen Institutionen ange-
knackst ist.

Deutschland war eines der wenigen Länder, denen es in den siebziger und achtziger Jahren gelang, sich dem globalen Inflations-
trend zu entziehen. Zu lebendig waren hier noch die Erinnerungen
an die Inflationen der zwanziger und der vierziger Jahre.

Diese Inflationsangst wirkt bis heute. Und sie bestimmt die
Agenda der Politik. Es sind gerade Deutsche, die vor den inflatio-
nistischen Gefahren warnen. Bundeskanzlerin Angela Merkel
nahm sich im Frühjahr 2009 öffentlich die Notenbanken zur
Brust und geißelte ihre allzu freigiebige Politik der quantitativen
Lockerung. Zwar hatte sich der Präsident der Bundesbank, Axel
Weber, lange gegen diese Strategie gewehrt, er konnte sich aber
im Rat der Europäischen Zentralbank (wo er wie alle übrigen nur
eine Stimme hat) letztlich nicht durchsetzen. Auch der damalige
sozialdemokratische Finanzminister Peer Steinbrück formulierte
im Sommer 2009 düstere Befürchtungen: »Bei all dem Geld, das
in den vergangenen Monaten in die Märkte gepumpt worden ist,
wird uns dann vor allem die Frage beschäftigen: Wie kriegen wir
die Zahnpasta zurück in die Tube?« Auch die hohe und rapide stei-

gende Verschuldung »in einigen Staaten« lege den Verdacht nahe, die Politik werde künftig »ein bisschen mehr Inflation billigend in Kauf« nehmen, »um die Schuldenlast zu reduzieren«.

Die deutsche Haltung stößt in angelsächsischen Ländern auf vehemente Ablehnung, ja auf offene Feindseligkeit. Die Deutschen, so lautet der Vorwurf, unterschätzten die Gefahr einer Deflation sträflich. Würden Regierungen und Notenbanken nämlich keine gigantischen Geldmengen in die Wirtschaft pumpen, dann gehe die Wirtschaft erst recht den Bach hinunter.

Das ist richtig. Und zugleich falsch.

## Blick auf die Geschichte, zweiter Teil: der Schrecken der Deflation

Tatsächlich war die Deflation der dreißiger Jahre ein Desaster. Die Krise nährte die Krise, und sie wurde letztlich erst durch den Zweiten Weltkrieg beendet. Wahr ist aber auch: Ohne die Hyperinflation von 1922/23 wäre eine Deflation in Deutschland nicht möglich gewesen. Denn ohne die Erfahrung der völligen Entwertung wären die Reichsregierungen und die Reichsbank in den dreißiger Jahren wohl früher und entschlossener mit expansiver Geld- und Fiskalpolitik gegen die Weltwirtschaftskrise angegangen.

Für die Amerikaner ist die Große Depression das nationalökonomische Trauma, so wie es für die Deutschen die Inflation ist. Man darf das nicht unterschätzen: Solche sozialpsychologischen Erfahrungen prägen politische Prioritäten für Generationen, bis heute. Amerika und Deutschland litten in den dreißiger Jahren in ähnlicher Weise unter der Deflation. So fiel in den Jahren 1929 bis 1933 das Preisniveau in Deutschland durchschnittlich um 6 Prozent jährlich, das Sozialprodukt ging real im Schnitt um 3 Prozent jährlich zurück. Die Zahlen für die USA waren noch schlechter. In einer derart heftigen Deflation verliert der Staat einen großen Teil seiner ökonomischen Steuerungsfähigkeit: Selbst bei Leitzinsen nahe null liegen die realen Zinsen (Nominalzins zuzüglich Deflationsrate) relativ hoch und erschweren die Kreditfinanzierung der privaten Wirtschaft und des Staates. In einem Umfeld hoher Produktivitätssteigerungen, wie es viele westliche Länder im späten 19. Jahrhundert und China am Beginn des 21. Jahrhunderts erlebten, mag das kein Problem darstellen: Sinkende Preise sind unter solchen Umständen lediglich ein Signal dafür, dass die Produktionskosten rasch fallen; typischerweise wird es in einer solchen Phase weder zu Firmenpleiten, noch zu Bankenzusammenbrüchen, noch zu Massenarbeitslosigkeit, noch zu einem Rückgang der Wirtschaftsleistung kommen. Diese gutartige Deflation (*benign deflation*) ist strikt von der hochproblematischen Schuldendeflation (*debt deflation*) zu unterscheiden, wie sie der amerikanische Ökonom Irving Fisher 1933 beschrieb.

Ein aktuelles Beispiel für die Schuldendeflation liefert Japan. Das Land hat eine vergleichsweise milde Schuldendeflation seit Mitte der neunziger Jahre erlebt. Auch dort war der typische Auslöser am Werk: Eine Kursblase auf den Aktien- und Immobilienmärkten platzt. Der folgende dramatische Kursverfall vernichtet Vermögen. Während des vorangegangenen Booms haben Unternehmen ihre Kapazitäten aufgebläht, und nun liefern sie sich einen Wettbewerb im Unterbieten – die Preise fallen. Die Verschuldung ist hoch, denn im Boom wurden bedenkenlos Kredite aufgenommen. Diese Schulden gewinnen in der Deflation real an Wert, werden also immer drückender und behindern die Gesundung. Die Banken geraten in Schwierigkeiten und schränken die Kreditvergabe ein. Geld gibt es nur noch gegen hohe Risikoaufschläge. Die Realzinsen steigen. Auch die Reallöhne steigen, außer wenn es zu nominalen Lohnsenkungen kommt, wogegen es aber schwerwiegende psychologische Barrieren gibt (»Sperrklinkeneffekt«). Die privatwirtschaftliche Nachfrage geht zurück, weil die Unternehmen ihre Investitionen – mangels Nachfrage und Finanzierungsmöglichkeiten – zurückfahren und die Bürger ihre Konsumausgaben einschränken. Aus Angst vor der Zukunft und weil bald alles noch billiger wird, schränken sich die Bürger ein. Die

Krise nährt die Krise. Auch der Staat gerät in finanzielle Schwierigkeiten, jedenfalls sofern er hoch verschuldet ist. Die Realzinsen sind hoch, die realen Sozialleistungen steigen, die Staatseinnahmen schwinden.

Eine sich derart selbst verstärkende Abwärtsspirale ist eine Expedition ins Schattenreich der Ökonomie. Während die Erinnerung an die deflationäre Weltwirtschaftskrise in Deutschland von der darauf folgenden Nazizeit und den beiden Inflationsperioden bis heute überdeckt wird, ist in den USA die Erinnerung wach. John Steinbecks Roman *The Grapes of Wrath* (*Früchte des Zorns*) schildert das traumatische Zusammenwirken der Krise und einer jahrelangen Dürre in den dreißiger Jahren, das Millionen von Bauern ihrer Existenz beraubte und Trecks von Wirtschaftsflüchtigen durch die USA ziehen ließ. Und noch heute beschreiben zeitgenössische US-Autoren wie Philip Roth eindringlich die schwierigen Lebensbedingungen und die sozialen Spannungen der Depressionsjahre. Kein Wunder, dass sich US-Ökonomen in besonderem Maße den Deflationen und ihrer Vermeidung widmen. Fed-Chairman Ben Bernanke gründete seine wissenschaftliche Karriere auf die Auseinandersetzung mit der Deflation und Depression der dreißiger Jahre.

Angesichts ihrer Geschichte ist die Obsession der Amerikaner verständlich. Und doch: In ihrem Bestreben, eine Wiederholung der Geschichte auf jeden Fall zu verhindern, taten sie in jüngster Zeit eindeutig des Guten zu viel. Als die New-Economy-Blase Anfang des neuen Jahrtausends platzte, malten sie das Schreckgespenst einer Deflation an die Wand. Die Fed und viele private Geschäftsbanken veröffentlichten alarmistische Beiträge zum Thema. Entsprechend senkten sie den Zins viel weiter, als es eigentlich ökonomisch gerechtfertigt war, und sie ließen ihn viel zu lange auf Niedrigniveau. Anders gesagt: Greenspan und Co. schoben Geld und noch mal Geld in die Wirtschaft. Sie produzierten Preisblasen auf den Kapitalmärkten und Kreditbooms. Sie gewöhnten den Bürgern das Sparen ab und förderten die größte Verschuldungsorgie aller Zeiten. Es war ein Tanz auf dem Vulkan – so stellt sich diese Strategie im Rückblick dar. Und das alles nur, um deflationäre Tendenzen zu verhindern. Denn tatsächlich dachten die Notenbanker, ihnen bleibe gar nichts anderes übrig, als die Welt mit Liquidität zu überschwemmen – das Entstehen von Blasen müsste man dabei wohl in Kauf nehmen –, weil die Welt stets am Rand der Deflation entlangschrammte. Zumindest bei oberflächlicher Betrachtung ist das nachvollziehbar: Dank des entfesselten globalen Wettbewerbs stiegen die Preise für die meisten Güter kaum noch. Hätten die Notenbanken in dieser Situation die Leitzinsen kräftig angehoben, um die Übertreibungen auf den Finanzmärkten einzudämmen, so wäre ein Abrutschen der realen Wirtschaft in die Deflation zu befürchten gewesen. Mit unabsehbar negativen Folgen für Wachstum, Wohlstand, Arbeitsplätze – dafür wollten die Geldgouverneure auf keinen Fall verantwortlich sein. Stattdessen produzierten sie eine Vermögens- und Verschuldungsinflation gigantischen Ausmaßes. Und weil die Verschuldung immer weiter stieg, schätzten sie die Gefahr einer »Schuldendeflation« immer höher ein. Die Notenbanker waren Gefangene ihrer eigenen Logik. Und es macht nicht den Eindruck, als hätten sie daraus substanziell gelernt. Denn wie in den vergangenen Jahrzehnten sehen viele von ihnen auch heute noch Inflation als das kleinere Übel. Und so handeln sie auch. Lieber die Wirtschaft in eine Phase heißer Preissteigerungen schicken, als die Eiszeit einer Deflation riskieren.

### Inflation unterminiert die Demokratie: ein Zwischenfazit

Die Gefahr, dass es zu einer galoppierenden, womöglich gar einer unkontrollierten Inflation kommt, ist nicht zu unterschätzen. Dafür sprechen vor allem drei Gründe:

1. Die Schuldenberge, die die westlichen Staaten in den Jahren der Krise aufgetürmt haben, schränken den Handlungsspielraum

vieler Staaten stark ein. Steigende Steuern und Abgaben sowie harte Sparmaßnahmen in den öffentlichen Haushalten sind unpopulär und politisch schwer durchzusetzen, zumal in einer Phase schwachen Wachstums. Höhere Inflationsraten versprechen, die reale Schuldenlast zu verringern und den fiskalischen Spielraum zu vergrößern.

2. Schneller als erwartet dürften die westlichen Volkswirtschaften die Überhitzungsschwelle erreichen, weil die Krise den Kapazitätsaufbau gebremst hat, weil die demografische Entwicklung immer stärker spürbar ist und weil die gestiegene Nachfrage aus den Schwellenländern die Rohstoffpreise in die Höhe treibt. Auch weiterhin hohe Arbeitslosenzahlen sind kein Hinweis darauf, dass in den westlichen Volkswirtschaften große (für die Produktion mobilisierbare) Kapazitätsreserven bestünden. Entsprechend drohen die Geld- und die Finanzpolitik (gewollt oder ungewollt) Inflationsraten zu produzieren.

3. Den richtigen Zeitpunkt zu finden, ab dem Regierungen und Notenbanken den Ausstieg aus den extrem expansiven Antikrisenprogrammen beginnen, ist analytisch schwierig, praktisch fast und politisch vollkommen unmöglich. Entziehen die Notenbanken den Volkswirtschaften zu früh Liquidität, provozieren sie womöglich einen Rückfall in die Krise, Bankenzusammenbrüche inklusive. Warten sie zu lange, kann die Inflation leicht außer Kontrolle geraten. Der richtige Weg für den Ausstieg ist ein schmaler Grat. Historiker werden ihn in der Rückschau finden, zeitgenössische Akteure ihn jedoch kaum erkennen können. Und selbst wenn, werden ihnen politische Interessen, die massiv zugunsten eines späteren Ausstiegs verzerrt sind, ein rechtzeitiges Handeln unmöglich machen.

Angesichts der Probleme in der Nachkrisenzeit herrscht bei vielen Ökonomen und Politikern die Auffassung vor, dass es richtig sei, die Zügel schleifen zu lassen und höhere Inflationsraten zu produzieren. Bei kurzsichtiger Betrachtung zeigt das tatsächlich angenehme Effekte: Steuern und Abgaben müssten nicht ganz so hoch steigen, die öffentlichen Einsparungen nicht ganz so hart ausfallen. Doch niemand sollte glauben, die Entwertung des Geldes sei ein eleganter und schmerzloser Weg, die aktuellen und künftigen wirtschaftlichen Probleme zu lösen. Ganz im Gegenteil: Inflation ist eine kalte Enteignung. Überraschend. Unfair. Ungerecht. Inflation facht Verteilungskämpfe an, schürt das Misstrauen gegenüber dem Staat und zerstört die Glaubwürdigkeit seiner Institutionen. Inflation ist undemokratisch: Während das Parlament über Steuern und Etatkürzungen offen diskutiert und nachvollziehbar Entscheidungen fällt, breitet sich die Inflation heimlich, still und leise aus. Erst im Nachhinein wissen die Bürger, dass ein Teil ihrer Kaufkraft weg ist. Das hat aus der Sicht praktischer Politik seinen Reiz, aber es ist hochgefährlich: Wer mit der Inflation spielt, der spielt mit dem Kern der Demokratie – dem Vertrauen der Bürger in die Institutionen ihres Staates. Und das ist ein zu hoher Preis.

## Kapitel 2

# Die zweifelhafte Rolle der Notenbanker

## Warum die globale Geldschwemme kaum zu stoppen sein wird

Notenbanker sind eine außergewöhnlich langweilige Spezies, oberflächlich betrachtet jedenfalls. Graue Anzüge, graue Haare, spärliche Mimik, zurückhaltende Gestik, monotoner Tonfall, zurückhaltende Wortwahl. Viele von ihnen sprechen so leise und so langsam, dass es schwierig ist, sie zu verstehen. Bei verschiedenen Interviews, die ich in den vergangenen Jahren mit Mitgliedern des Direktoriums der Europäischen Zentralbank (EZB) geführt habe, war später auf dem Aufnahmegerät kaum etwas zu hören. Nur bei voll aufgedrehtem Volumenregler waren die leisen Worte hinter dem Rauschen der Klimaanlage zu vernehmen. Wer Notenbankern vorwirft, sie seien langweilig, der beleidigt sie keineswegs, sondern erntet Zustimmung: Zentralbanking dürfe nicht aufregend – oder gar aufgeregt – wirken, erklärte mir ein EZB-Banker: Die Herren (und wenigen Damen) des Geldes sollen vollkommen emotionslos, rational und kühl wirken. In der Welt draußen mögen große Gefühle – Gier, Angst, Neid – die Wirtschaft bestimmen, dort mögen Politiker ihre Machtspielchen treiben. In den sachlichen Konferenzräumen und Büros der Notenbanken hingegen bestimmen nur Zahlen, Fakten, komplexe analytische Werkzeuge und empirisch getestete mathematische Modelle das Handeln. Der Notenbanker als eine Art monetärer Entscheidungsroboter ohne eigene Interessen – dies ist das Bild, das sie selbst von sich verbreiten, und vermutlich entspricht es auch ziemlich exakt ihrer Selbsteinschätzung.

Aber das ist natürlich reine Fiktion. Die Gouverneure der großen Notenbanken sind politische Akteure, die wichtige Entscheidungen fällen. Sie stehen in der Öffentlichkeit, sie werden kritisiert, gelobt, bewundert oder verspottet. Niemanden lässt das kalt. Wie jeder Mensch haben auch sie Gefühle, Vorurteile, Prägungen, ganz persönliche Erfahrungshintergründe. Sicher, manche von ihnen sind hervorragende Fachleute: angesehene Ökonomen, langgediente Beamte. Um sich unangreifbar zu machen, versuchen sie sich nach allen Seiten abzusichern.

Sie handeln nicht allein aus eigener Überzeugung, sondern im Kollektiv – allen modernen Zentralbanken steht eine Gruppe von Leuten vor, die sich gemeinsam ein Bild der Lage verschafft und die gemeinsam entscheidet. Bei föderal aufgebauten Institutionen wie der Europäischen Zentralbank und der amerikanischen Federal Reserve Bank sitzen im Rat (oder im *Board*) die Gouverneure der regionalen Notenbanken (Bundesbank, Banque de France, New York Fed oder St. Louis Fed) mit dem ständigen Management der Zentrale in Frankfurt beziehungsweise in Washington zusammen. Bei zentralistisch organisierten Institutionen wie der Bank of England trifft ein geldpolitischer Ausschuss, dem auch externe Fachleute angehören, Professoren etwa, die Entscheidungen. Die Führungsgremien entscheiden als Gruppe, formal mit Mehrheit, faktisch häufig nahezu einstimmig.

Hinter diesen hochmögenden Geldgouverneuren stehen viele Hundertschaften von Fachleuten, die ihnen zuarbeiten, Daten zusammentragen und feinziselierte Analysen ausarbeiten. Die volkswirtschaftlichen Abteilungen und die Forschungsteams der Notenbanken sowie deren wissenschaftliche Veröffentlichungen bestimmen maßgeblich das Renommee, das eine Institution genießt. Regelmäßig treffen die Notenbanker sich in internationalen Foren und versuchen, eine gemeinsame Sicht auf die ökonomische Lage und die auftauchenden Probleme zu gewinnen. Sie richten wissenschaftliche Konferenzen aus, um den Kontakt zur Spitze der Ökonomenzunft zu halten. Und sie stellen sich dem Dialog mit den Zentralbankbeobachtern in den Medien, den internationalen Institutionen und den Banken.

All diese Bemühungen haben ein Ziel: Die Notenbanker wollen sich unangreifbar machen. Sie suchen die Sicherheit des Kollektivs, innerhalb der Bank, innerhalb der globalen Notenbanker-Community, in der Wissenschaftsarena. Notenbankgouverneure, lästert Thomas Mayer, Europa-Chefvolkswirt der Deutschen Bank und einer der profiliertesten Zentralbankbeobachter, seien »ganz risikoscheue Leute. Die würden am liebsten immer mit Gürtel und Hosenträgern gleichzeitig herumlaufen. Denen ist es am liebsten, wenn sie im Mainstream der Ökonomen mitschwimmen.«

Man kann solches Verhalten vernünftig nennen; schließlich tragen die Männer und Frauen an der Spitze der Notenbanken große Verantwortung für das Wohlergehen der Bürger. Da sollte man sich nicht auf sein Bauchgefühl verlassen, sondern alle relevanten Meinungen hören und zu einem wohl abgewogenen Urteil gelangen. Man kann es aber auch konformistisch und gefährlich nennen. Denn was ist, wenn der Mainstream der Notenbanker und Makroökonomen systematisch in die falsche Richtung läuft? Traut man sich dann ein eigenes Urteil zu? Oder agiert und redet man lieber opportunistisch, um sich Anfeindungen und Karriereknicks zu ersparen? Und was ist, wenn die kollektiv gebildeten Überzeugungen eine allzu trügerische Sicherheit vermitteln, die sich am Ende als Illusion entpuppt?

Tatsächlich sieht es ganz so aus, als habe das Meinungskartell des Mainstreams jahrelang falsche Überzeugungen vertreten. Seit Ende der neunziger Jahre gab es viele Warnsignale – hohe Inflationsraten bei den Preisen für Vermögensgüter (Aktien, Immobilien, Anleihen, Rohstoffe), rasches Wachstum der Geldmenge und Anzahl der Kredite. Die Notenbanker sahen die Zeichen durchaus, sie ließen Studien anfertigen und diskutierten sie auf vielen wissenschaftlichen Konferenzen und Kongressen. Ohne Ergebnis.

Und so lief der Mainstream immer weiter in die falsche Richtung. Bis heute. Auch die Finanzkrise – das größte ökonomische Desaster seit Generationen – hat nichts Substanzielles am Verhalten der Notenbanker geändert: Die Strategie bleibt die gleiche. Und sie wird die nächste Welle von Großproblemen verursachen.

Aber eines nach dem anderen. Was derzeit mit unserem Geld passiert, lässt sich nur vor dem Hintergrund der Entwicklung der vergangenen Jahrzehnte verstehen.

## Von der »Großen Inflation« über die »Große Beruhigung« zum »Großen Crash«

Seit den frühen siebziger Jahren haben die Währungen der Welt ihre formale Verankerung in der realen Welt verloren. Bis dahin gab es eine mittelbare Bindung ans Gold: Die US-Notenbank versprach, US-Dollars in Gold umzutauschen zu einem festen Kurs von 35 US-Dollar pro Unze. Die übrigen westlichen Währungen wiederum waren mit festen Wechselkursen an den US-Dollar gebunden. Dieser Gold-Dollar-Standard, der 1944 im neuenglischen Skiort Bretton Woods vereinbart worden war, brachte eine Verlässlichkeit in die internationalen Geldangelegenheiten, wie es sie seit dem Ausbruch des Ersten Weltkriegs nicht mehr gegeben hatte. Das Bretton-Woods-System war hochgradig erfolgreich. Geld war knapp, die Inflationsraten niedrig; feste Wechselkurse, die nur selten überprüft und angepasst wurden (die D-Mark wertete binnen zweieinhalb Jahrzehnten lediglich drei Mal gegenüber dem US-Dollar auf), ließen den internationalen Handel wieder aufleben. Doch Anfang der siebziger Jahre war das System am Ende. Die USA steuerten einen inflationären Kurs und kündigten im August 1971 die Golddeckung des US-Dollar auf; 1973 kappten die übrigen Länder endgültig ihre Bindungen an den US-Dollar. Damit waren die monetären Anker gelichtet: Notenbanken und Regierungen waren nun frei, die Dinge treiben zu lassen. Und genau das taten die meisten von ihnen. Es begann die Ära des reinen Papiergeldes –

und in der Folge die Große Inflation. In Großbritannien und in Italien erreichte die Geldentwertung Mitte der siebziger Jahre zeitweise Raten von 20 Prozent, in den USA und in Frankreich schoss sie über die 10-Prozent-Marke hinaus.

Im Durchschnitt der reichen OECD-Länder stiegen die Konsumentenpreise Mitte der siebziger Jahre um 14 Prozent im Jahr, in den Entwicklungsländern sogar noch rasanter. Sicher, dies war eine Reaktion auf die Ölkrise von 1973, die die Energiekosten drastisch und unerwartet in Höhe schnellen ließ. Aber in der Folge verselbstständigte sich die Inflation. In den Jahren nach dem ersten Ölschock stiegen die Verbraucherpreise im OECD-Durchschnitt jährlich um durchschnittlich knapp 10 Prozent. Der zweite Ölpreisanstieg 1979/80 als Folge der iranischen Revolution hob die Inflationsraten dann noch einmal an, diesmal auf durchschnittlich 15 Prozent. Es dauerte zwei Jahrzehnte, die achtziger und die neunziger Jahre, um die Inflationsraten wieder flächendeckend in den OECD-Ländern unter Kontrolle zu bringen. In den Entwicklungsländern, insbesondere in Lateinamerika, kam es Ende der achtziger Jahre noch einmal zu großen Inflationskrisen, in vielen ehemaligen Ostblockstaaten Anfang der neunziger Jahre.

Die Große Inflation war ein weltweiter Trend: Kein Land der Erde konnte sich vollkommen davon isolieren. Aber immerhin waren Deutschland und die Schweiz in der Lage, sich zumindest teilweise von der Entwicklung abzukoppeln; in der Bundesrepublik stiegen die Verbraucherpreise im Durchschnitt der siebziger Jahre um 4,8 Prozent jährlich, nur halb so stark wie in den übrigen OECD-Ländern. Den USA, Großbritannien und Frankreich gelang die Stabilisierung Anfang der achtziger, Italien erst in den neunziger Jahren. Die große Entwertung ließ die Kaufkraft des Geldes auf einen Bruchteil sinken. Wer 100 italienische Lira 1960 unters Kopfkissen legte und im Jahr 1998 wieder hervorholte, hatte am Ende gerade noch die Kaufkraft von 6 Lira (in Preisen von 1960) – binnen knapp vier Jahrzehnten hatte das Geld also 94 Prozent seines Wertes verloren. Das britische Pfund hatte 91,5 Prozent verloren, der französische Franc 87 Prozent, US-Dollar, Kanadischer Dollar und Yen rund 80 Prozent, die D-Mark 70 Prozent. Der größte Teil dieses Wertverlustes fand in den Siebzigern statt.

Wie hatte es so weit kommen können? Notenbanken und Regierungen waren nicht in der Lage, ihre neuen Freiheiten zu nutzen. Nach dem Ende des Bretton-Woods-Systems hatten sie die Macht, so viel Papiergeld zu drucken, wie sie wollten. Und davon machten sie reichlich Gebrauch. Die Inflation entwickelte in der Folge eine Eigendynamik: Steigende Lebenshaltungskosten schürten die Lohnforderungen der Gewerkschaften; die Unternehmen schlugen die steigenden Lohnkosten wiederum auf ihre Preise, sodass die Lohnforderungen im nächsten Jahr noch höher ausfielen. Eine Lohn-Preis-Spirale kam in Gang. Verteilungskämpfe, Streiks, Unfrieden und Instabilität waren die Folgen. Großbritannien und Italien galten in den siebziger Jahren als unregierbare Staatswesen. Die Zinsen schnellten in die Höhe und verteuerten Investitionen und die ebenfalls rasch steigende Staatsverschuldung. Das Wachstum ging zurück, die Arbeitslosigkeit stieg, ebenso die Staatsschulden. Die »Stagflation« löste die lange, goldene Nachkriegszeit ab.

Notenbanken und Regierungen lernten aus dem Debakel einiges. Vor allem dies: Sie müssten sich vor allem darum bemühen, die Inflations*erwartungen* zu stabilisieren. Wenn alle Welt glaubt, dass im nächsten Jahr die Inflationsrate nur um 2 Prozent steigen wird, überlegen es sich Gewerkschaften und Unternehmen zweimal, ihre Lohn- und Preisforderungen deutlich höher ausfallen zu lassen. Denn einerseits können sie sich damit leicht aus dem Markt preisen – hohe Lohnsteigerungen führen dann womöglich zum Verlust von Jobs; zu hohe Preise erhöhen in einem Marktumfeld allgemeiner Preisstabilität nicht die Umsätze, sondern machen ein Produkt schlichtweg unverkäuflich. Andererseits müssen Gewerkschaften und Unternehmen damit rechnen, dass die Notenbank inflationstreibende Tendenzen mit steigenden Leitzinsen beantwortet und damit das Wachstum abwürgt, was Bürgern und Unternehmen gleichermaßen schadet – eine handfeste Drohung.

Diese Drohung wirkt umso besser, je glaubwürdiger ist. Wenn sich alle übrigen Wirtschaftsakteure ausrechnen können, wie die Notenbank auf bestimmte Entwicklungen reagiert, dann werden sie ihr Verhalten daran ausrichten. Eine glaubwürdige Notenbank, so das Kalkül, braucht gar nicht heftig zu reagieren, um die Inflationserwartungen einzudämmen, sondern kann mit leichter Hand – mit geringen Veränderungen des Leitzinses – die Lage an der Preisfront unter Kontrolle halten.

Glaubwürdig ist eine Notenbank aber nur, wenn die Regierung sie nicht für kurzfristige politische Interessen instrumentalisieren kann: etwa indem sie ein halbes Jahr vor einer Parlamentswahl die Zinsen senkt, um das Wachstum zu stimulieren, nur um nach der Wahl die resultierende Inflation mit deutlichen Zinssteigerungen wieder einfangen zu müssen. Um eine solche Stop-and-go-Strategie zu verhindern, sollen Notenbanken politisch unabhängig sein. Sie stehen neben Regierung und Parlament als eigenständige Akteure. Die Notenbankchefs werden zwar von Regierungen und Parlamenten eingesetzt, doch einmal im Amt, können sie agieren, wie sie wollen, um das ihnen gesetzlich vorgegebene Ziel zu verfolgen (meist: Preisstabilität) – allenfalls vor dem Parlament müssen sie sich gelegentlich rechtfertigen.

Die Neuausrichtung der Notenbanken half letztlich, die Große Inflation zu beenden. Heute sind die meisten Notenbanken in den reifen Volkswirtschaften politisch unabhängig, und ihre Geldpolitik ist allein darauf ausgerichtet, die Steigerung der Verbraucherpreise auf niedrigem Niveau konstant zu halten. Und eine Zeitlang war diese Doktrin durchaus erfolgreich. Die Weltwirtschaft erlebte seit den achtziger Jahren eine Große Beruhigung (*great moderation*), die sich in den neunziger Jahren auch auf die Schwellenländer und die traditionellen Weichwährungsländer Südeuropas (Italien, Spanien, Portugal, Griechenland) auswirkte. Dazu trug die Verankerung der Inflationserwartungen durch glaubwürdige Zentralbanken bei. Dabei halfen aber auch nichtmonetäre Entwicklungen: der verschärfte Wettbewerb auf den Güter- und Arbeitsmärkten durch die Globalisierung sowie die in den achtziger und neunziger Jahren sehr günstigen Energiepreise.

Als die Große Beruhigung zur Gewissheit wurde, schuf sie den Nährboden für eigene Probleme. Aber die Notenbanker und ihre akademischen Verbündeten definierten diese Probleme einfach weg. Aus Opportunismus und Ignoranz. Vielleicht auch schlicht aus Bequemlichkeit.

Die dauerhaft niedrigen Zinsen und die geringe Inflation der Verbraucherpreise kreierten ein Klima der Sorglosigkeit. Daran trugen die Notenbanker zumindest Mitschuld. Banker, Anleger und andere Finanzmarktakteure stürzten sich in immer größere Risiken, ohne sie als solche wahrzunehmen. Zu lange lag der Crash von 1987 zurück, auch die Mexiko-Krise von 1994/95, der Zusammenbruch des Hedgefonds LTCM 1998, die Asien- und die Russland-Krisen 1997/98 waren rasch vergessen. Denn immer wieder ging es danach fröhlich weiter. Selbst der Zusammenbruch der Technologiebörsen im Jahr 2000 erscheint im Rückblick bloß wie ein kurzer Rückschlag in einer langen Aufwärtsbewegung. Stets konnten sich die Zocker darauf verlassen, dass die Notenbanken mit massiven Liquiditätsspritzen die Märkte retten würden, wenn die Sache schiefging. Als Retter der letzten Zuflucht standen sie jederzeit bereit, den Boom weiterlaufen zu lassen. Ansonsten beschränkten sich die Notenbanken darauf, die Inflation zu steuern.

Als vorbildlich galt zeitweise das britische Modell. Die Bank of England achtete lediglich darauf, dass die Inflation zwischen 2 und 3 Prozent blieb. Für die Regulierung der Finanzmärkte und der Banken waren nicht die Pfundhüter zuständig, das war Sache der Financial Services Agency (FSA), deren Light-Regulierung London zur bevorzugten Wirkungsstätte machte für die Finanzbranche, die immer mehr ins Zockertum abglitt. Das System gilt heute als gescheitert. Als die Hypothekenbank Northern Rock als erstes großes Institut im September 2007 kippte, waren sowohl die FSA als auch die Bank of England überfordert. Sie reagierten zunächst gar nicht, dann massiv. Insgesamt lieferten sie keine überzeugende Vorstellung ab.

Das Modell der reinen Inflationssteuerung (*inflation targeting*), wie es viele Notenbanken, nicht nur die Bank of England, betrieben, gilt inzwischen als überholt. Nach dieser Philosophie, die ab den neunziger Jahren en vogue war, soll die Notenbank allein die Preissteigerung für Güter und Dienstleistungen im Zaum halten. Das Entstehen von Blasen an den Aktien- und Immobilienmärkten hingegen soll sie nicht bekämpfen, sondern lediglich nach deren Platzen die Aufräumarbeiten mit massiver Liquiditätszufuhr unterstützen. Eine gefährliche Strategie, wie sich gezeigt hat. »Das *inflation targeting* macht blind für andere Gefahren«, sagt Daniel Gros, Chef des Brüsseler Centre for European Policy Studies (CEPS). Auch Zentralbanken wie die Fed und die EZB, die formal keine Inflationssteuerung betrieben, folgten faktisch dieser Mode. Die Frankfurter Notenbanker haben zwar stets darauf beharrt, monetäre Größen wie Geldmenge, Kreditvergabe und die Entwicklung der Vermögenspreise in ihrer Analyse zu berücksichtigen. Monat für Monat ließen sie ihren damaligen Chefvolkswirt Otmar Issing den Hinweis in den EZB-Monatsbericht schreiben, die Häuserpreise in diversen Eurostaaten seien übertrieben hoch, sodass sich bereits Unmut über den vermeintlich starrsinnigen Deutschen regte. Doch Taten folgten nicht. Auch die EZB schaute jahrelang zu, wie die Menge an Geld und Kredit explodierte. »Heute wissen wir, dass das ein Fehler war«, sagt Joachim Scheide, Konjunkturchef des Kieler Instituts für Weltwirtschaft (IfW). Denn jede Liquiditätsschwemme bricht sich irgendwann Bahn, so oder so – wenn die Güterpreise in Zeiten der Globalisierung nicht mehr so stark steigen, dann explodieren eben die Preise für Vermögenswerte. Beides ist gefährlich. Wir haben es im Zuge der Finanzkrise erlebt. Und während die Krise zum Zeitpunkt des Schreibens noch andauert, bläht sich schon wieder die nächste Blase an den Finanzmärkten. Es sieht nicht so aus, als hätten die Akteure viel gelernt.

## Die Rolle der Ökonomen: Warum die Notenbanker so falsch lagen

Seit Ausbruch der Weltfinanzkrise und der folgenden Weltrezession lautet ein beliebtes Vorurteil, die ganze Zunft der Ökonomen sei unfähig und blind. Schließlich hätten sie die Krise nicht vorhergesehen. Sie hätten immer die falschen Ratschläge gegeben und damit Politiker, Notenbanker und die Öffentlichkeit in die Irre geführt. Entsprechend habe die Wirtschaftspolitik genau das Falsche getan: globalisiert, liberalisiert. Bis zum großen Crash. Und nun müssten die Normalbürger zahlen – für Milliardenhilfen an die Banken und für all die Konjunkturprogramme, in Zukunft in Form von höheren Steuern und/oder Inflation. Schuld sei letztlich die ganze Denkweise der Ökonomen. Was wissen die schon? Deshalb könne man jetzt die ganze Ökonomik einfach in die Mülltonne kippen. Ich höre solche Einlassungen häufiger, auch von Politikern und Spitzenbeamten. Schön einfach, aber nur die halbe Wahrheit.

Tatsächlich erleben wir den Offenbarungseid *einer* Richtung: der modernen Makroökonomik. Es ist ein zugleich übermäßig simpler und mathematisch hochgradig eleganter Ansatz. Ein Theoriegebäude, wie es formalistisch orientierte Ökonomen lieben. Doch die Schönheit und Konsistenz der Modelle geht auf Kosten ihres Realitätsgehalts. Als die Ökonomen begannen, auf mathematische Modelle zu setzen, urteilt der Chicagoer Ökonom Richard Thaler, einer der Pioniere der Verhaltensökonomik (einer Denkschule, die das tatsächliche wirtschaftliche Verhalten von Menschen analysiert), »stellten sie fest, dass jene Modelle am leichtesten zu lösen waren, die unterstellten, jeder in der Volkswirtschaft sei rational. Das ist so, als wenn man Physik betreibt und sich nicht darum kümmert, dass es so etwas wie Reibung gibt.«

Und dies waren die Glaubenssätze der Mainstream-Makroökonomen: Menschen handeln unbeschränkt rational; Märkte sind prinzipiell im Gleichgewicht. Krisen können demnach eigentlich nicht vorkommen, und wenn, dann durch ein Versagen des Staates, nicht durch die Eigendynamik von Märkten. Der orthodoxe Glaube an die Stabilität des Marktes mag seltsam anmuten, aber er ist nur zu verstehen durch die Phase der Großen Inflation, die mit Stagnation, hoher Arbeitslosigkeit und steigender Staatsverschuldung einherging. Der Staat hatte als wirtschaftlicher Akteur versagt. Das Scheitern der keynesianischen »Globalsteuerung«, die glaubte, konjunkturelle Schwankungen per se abgeschafft zu haben, wurde abgelöst durch ein neues staatsskeptisches, überaus marktoptimistisches Paradigma. Eine neue ökonomische Schule jüngerer Ökonomen setzte es mit viel Verve durch. Märkte wurden liberalisiert, der Staatshaushalt zurückgestutzt, Steuern gesenkt. Alles nicht per se falsch. Aber die Notwendigkeit einer klugen und effektiven Regulierung der Märkte wurde systematisch vernachlässigt, unter anderem weil der ökonomische Mainstream dies für ein untergeordnetes Problem hielt.

Ich erinnere mich noch gut, wie seltsam ich den ganzen Ansatz dieser »neuklassischen«, später auch »neukeynesianischen« Schule fand, als ich im Studium damit konfrontiert wurde. Beispielsweise las ich den wegweisenden Aufsatz des Ökonomen John Muth, der 1961 in der Zeitschrift *Econometrica* erschienen war. Eine Schlüsselpublikation, auf der viele spätere Modelle basieren. In dieser Theorie der »rationalen Erwartungen«, die später die *Rational Expectations Revolution* in der Makroökonomik auslöste, stecken bereits einige Ansätze, die später zur Geldkrise, zu den heutigen und zu den noch kommenden Problemen beigetragen haben. Muth geht es um die Frage, wie Menschen Erwartungen an die Zukunft bilden und wie sie vor diesem Hintergrund heutige Entscheidungen treffen. Eigentlich ein hochspannendes Thema. Wir alle wissen, wie schwierig es ist, sich in einer unsicheren und sich ständig verändernden Welt zu bewegen – und dass viele am Ende doch am ehesten ihrem Bauchgefühl trauen. Aber wie lässt sich das Bauchgefühl mathematisch formulieren? Schwierig. Muth machte deshalb einen radikalen Vorschlag: »Um halbwegs einfach zu erklären, wie Erwartungen gebildet werden«, schrieb er in der Einleitung, »entwickeln wir die Hypothese, dass sie den Vorhersagen der relevanten ökonomischen Theorie entsprechen.« So einfach kann Wissenschaft sein.

Es ist natürlich ein Trick: Die Theorie wird mit ihren eigenen Ergebnissen gefüttert. Nehmen wir ein Modell, das den Ölpreis, wie er sich an den Börsen bildet, prognostizieren will. Um eine solche Vorhersage zu machen, braucht man nicht nur Prognosen über das Angebot an und die Nachfrage nach Rohöl, man braucht auch eine Vorhersage darüber, wie sich die Marktteilnehmer verhalten werden, ob sie Öl horten oder Lagerbestände abbauen, ob sie Wetten auf steigende Preise eingehen und damit den Preis durch Spekulation in die Höhe treiben werden. Bei vollkommen rationalen Erwartungen aber kennen alle Akteure auf dem Markt den fundamental gerechtfertigten Ölpreis. Folglich wird das Modell vorhersagen, der Preis habe immer dieses optimale Niveau. Alle Abweichungen davon sind rein zufällig.

Dieser Ansatz lässt sich auf alles mögliche anwenden. Alle Märkte sind im Prinzip immer richtig bewertet und im Gleichgewicht – Aktien, Anleihen, Rohstoffe, Immobilien, ganz gleich welcher. Gerade Finanzmärkte gelten als effizient. »Die Effiziente-Märkte-Hypothese hat zwei Komponenten, die ich ›The Price is right‹ und ›No free lunch‹ nenne«, schreibt der Verhaltensökonom Richard Thaler. Das erste Glaubensbekenntnis besage, »Asset-Preise reflektierten stets alle verfügbaren Informationen und sorgten stets für die richtigen Signale für die Güterallokation«. Das »No free lunch«-Prinzip wiederum gehe davon aus, dass Marktpreise von niemandem hinreichend korrekt vorherzusagen seien und deshalb quasi kein Investor besser abschneiden könne als der Markt.

Nach der marktorthodoxen Theorie bilden Märkte die gesammelte Intelligenz und das gesammelte Wissen der großen Zahl von Akteuren ab. Kursblasen, Verschuldungsorgien, ein plötzlicher Vertrauensverlust, das Austrocknen der globalen Geldmärkte – all die Dinge, die in den vergangenen Jahren die Menschen in Atem gehalten haben, können in diesem Denkgebäude eigentlich nicht vorkommen. Viele Modelle berücksichtigen den Finanzmarkt noch nicht mal explizit. Wozu auch, wenn er so effizient ist und immer die richtigen Preise anzeigt? Natürlich ist auch den Rationalitätsverfechtern aufgefallen, dass Märkte sich bewegen, wild sogar, dass sie volatil sind. Aber sie werten diese Schwankungen als rein zufällig – und wenn sie nicht zufällig sind, dann müssen sie fundamental gerechtfertigt sein. Aufgabe der Ökonomen sei es dann, die Gründe zu finden, warum der effiziente Markt gerade zu einer steilen Kursfahrt anhebt oder warum er stark abstürzt.

Beispielsweise befassten sich viele Ökonomen zu Beginn des 21. Jahrhunderts damit, zu erklären, warum die dramatisch steigenden Immobilienpreise gerechtfertigt seien. Dass es sich um Blasen handelte, um spekulative Übertreibungen, getrieben von extrem billigem Geld und Krediten zu Niedrigstzinsen, galt als unwahrscheinlich. Auch dass die Häuserpreise in Relation zu den Mieten stark angestiegen waren und weit über allen historischen Bewertungsmaßstäben lagen, ließ man nicht wirklich gelten. Irgendwie sei das alles fundamental gerechtfertigt: durch niedrige Inflation, folglich niedrige Zinsen und höheres Wachstum – also die Segnungen, die unabhängige Notenbanken der Menschheit gebracht hatten. Wenn man nicht durch irrationale Rationalitätsannahmen verblendet ist, dann kann man durchaus erkennen, dass eine gefährliche Preisblase entsteht: Die Verschuldung steigt massiv, Geld und Kredit nehmen rapide zu und gleichzeitig steigen die Preise. Das Zusammentreffen dieser Phänomene zeigt verlässlich an, dass die Märkte übertreiben, dass die Spekulanten und die völlig Sorglosen die Führung übernommen haben – und dass die Notenbank und/oder die Bankenregulierer etwas tun müssen. Dass sie sich »gegen den Wind lehnen« müssen, wie es im Jargon heißt. Wer aber glaubt, dass die Märkte prinzipiell effizient sind, der wird genau das ablehnen. Und selbst wer ein erfahrener Börsenpraktiker ist und immerhin anerkennt, dass es etwas wie

Kurs- und Kreditblasen gibt, wie der frühere Fed-Chef Alan Greenspan, kann immer noch so marktgläubig sein zu behaupten, man könne erst im Nachhinein feststellen, ob es sich um eine Blase gehandelt habe. Dann müsse man eben ans Aufräumen gehen. Die »Clean versus lean«-Debatte – die Diskussion darüber, ob Notenbanken am Ende nur den Dreck aufkehren (*clean*) oder sich gegen den Wind lehnen (*lean*) sollen – hat seit dem Platzen der Dot.com-Blase 2000 die geldpolitische Szene beschäftigt. Und sie tut es bis heute – während sich draußen in der wirklichen Welt immer größere Probleme zusammenbrauen.

Die Wirtschaft wird von Menschen gemacht, ebenso die Wirtschaftspolitik. Menschen sind nicht nur rational, manchmal sind sie schlecht informiert oder sie blenden Informationen einfach aus und beziehen sie nicht in ihre Entscheidungen ein, sie verhalten sich widersprüchlich, sie sind instinktgetrieben, gierig, neidisch, ängstlich, betrügerisch. Eigentlich hochinteressante Forschungsgegenstände, die die Ökonomik mit Emotionen und Allzumenschlichem würzen könnten. Diese *animal spirits*, so nannte sie der Ökonom John Maynard Keynes, bewegen Märkte. Die heutigen Keynes-Anhänger George Akerlof und Robert Shiller – Nobelpreisträger von 2001 der eine, früher Analytiker des »irrationalen Überschwangs« der Dot.com-Ära der andere – beschreiben es in ihrem gleichnamigen Buch auf faszinierende Weise. Die menschlichen *animal spirits* können fantastische Booms und furchtbare Kräche auslösen. Staatliche Institutionen wie die Notenbanken können und sollen die Irrationalität der Menschen in freien Gesellschaften nicht unterdrücken. Aber sie können und müssen sie eindämmen.

In der modernen Finanzmarktforschung gibt es eine Menge Ansätze, die auf Erkenntnisse der Psychologie zurückgreifen – die untersuchen, wie sich Menschen *wirklich* verhalten. Und die nicht nur möglichst elegante *Annahmen* darüber treffen. In die Makromodelle der Notenbanker fanden sie aber keinen Eingang. Dabei ist es nicht so, dass diese Forschungen nur wenige Fachleute im

Verborgenen vorangetrieben hätten. Zwei Pioniere dieser Richtung, Daniel Kahneman und Vernon Smith, wurden sogar 2002 mit Nobelpreisen ausgezeichnet.

Nicht die Ökonomik als Disziplin hat versagt. Von den relevanten Theorien wurde lediglich kein praktischer Gebrauch gemacht. Das gilt auch für die Finanzmarktregulierung: Institutionenökonomen wird es nicht überraschen, dass die Banken sich so verantwortungslos verhielten. Es ist ein klassischer Fall von Informationsasymmetrien, den die »Principal-Agent-Theorie« schon vor Jahrzehnten beschrieben hat. Genau das passierte bei der Weitergabe von Kreditausfallrisiken (von Hypotheken, Unternehmens- oder Staatensanleihen). Das »Originate and distribute«-Geschäftsmodell war exakt darauf ausgerichtet, diese Informationsasymmetrien zu nutzen: Eine Geschäfts- oder eine Hypothekenbank generierte einen Kredit (*originate*) und verkaufte die Forderungen weiter (*distribute*). Dann nahmen Investmentbanker diese Kredite, bündelten sie zu neuen Wertpapieren (»Verbriefung«) und verkauften sie abermals weiter. Aus Sicht der Banken ein ideales Geschäft: Von Stufe zu Stufe verschwanden Informationen; der Käufer am Ende der Kette wusste nicht mehr, was da eigentlich in seinen Büchern steckte. Und: Die Bank, die die Kredite ursprünglich vergeben hatte, musste für das Ausfallrisiko nicht mehr geradestehen; sie hatte ihre Forderungen ja weiterverkauft – kein Wunder, dass die Banken bei der Kreditvergabe nicht so genau hinschauten und sogar US-Bürger Hypotheken (*subprime mortgages*) bekamen, die über keinerlei Kreditwürdigkeit verfügten.

Diese Geschäftspraktiken und die Größe der Gesamtrisiken waren niemandem aufgefallen, weil niemand hinschaute: Es gab keine Finanzaufsicht, die sich dafür interessiert hätte. Warum nicht? Weil der Mainstream der Ökonomen davon ausging, dass Märkte effizient seien und die Marktteilnehmer sich vernünftig verhielten. Und dass deshalb der Markt von Natur aus stabil sei. Die staatlichen Aufseher, wenn sie überhaupt hinschauten, verfuhren wie Wirtschaftsprüfer; sie nahmen sich die Bücher vor und prüften jedes einzelne Institut, aber ihnen fehlte ein Bild des Gesamtrisikos, das sich da auf den Märkten zusammenbraute und das letztlich die ganze Weltwirtschaft in den Abgrund riss.

Auch dass Banken übermäßig risikoreich agieren, wenn die Notenbanken bereit sind, nach einem Crash die Verluste zu sozialisieren, hätte niemanden überraschen sollen: Ökonomen untersuchen dieses Phänomen unter dem Stichwort »Moral Hazard« seit langem.

Dass Notenbanken und Regulierer zu der jeder Lebenswirklichkeit widersprechenden Überzeugung gelangten, die Menschen seien vernünftig und verantwortungsvoll und die Märkte generell effizient, liegt also nicht an der Ökonomik als Disziplin. Es liegt daran, dass maßgebliche Makroökonomen relevante theoretische Ansätze einfach ignorieren. Dahinter steckt eine modellverliebte Realitätsblindheit, die unter formal ausgerichteten Ökonomen verbreitet ist. Dahinter steckt aber auch Kalkül: Bankökonomen, zumal in den USA, neigen dazu, eher niedrigere als höhere Leitzinsen zu fordern – bei niedrigen Zinsen verdient ihr Institut schließlich mehr Geld.

Und dahinter steckt Opportunismus: Natürlich verhalten sich Ökonomen lieber konformistisch, selbstverständlich schwimmen sie lieber im Hauptstrom ihrer Disziplin mit – vor allem wenn dieser im massiven Eigeninteresse der Finanzindustrie liegt. Barry Eichengreen, Ökonomieprofessor in Berkeley, geht denn auch mit seiner Zunft hart ins Gericht: Die Wirtschaftswissenschaften seien nicht unabhängig, sondern sie lieferten den Investmentbanken und den Hedgefonds, was sie bräuchten und wofür sie zahlten – Spezialisten, Instrumente, Theorien, zur Not auch Rechtfertigungen. Und viele Topprofessoren, so Eichengreen, seien nur zu scharf darauf, bei irgendeinem Investmentbanker-Event einige Zigtausend US-Dollar nebenher für einen launigen Vortrag abzugreifen. Die Aussicht auf solche Nebeneinkünfte beeinflusse selbstverständlich das akademische Denken und Handeln – vielleicht bewusst, vielleicht unbewusst. Auf jeden Fall aber in die gewünschte Richtung.

Entsprechend hat der wissenschaftliche Mainstream, innerhalb dessen sich Notenbanker und Finanzpolitiker gern bewegen, einen von wirtschaftlichen Interessen verursachten Drall. Betriebsblindheit, ideologische Verblendung und handfeste Geschäftsinteressen produzieren den intellektuellen Nährboden, auf dem sich die größte Asset-Preis-Inflation und Kreditblase der Geschichte aufbauen konnte.

## Wie falsch lagen die Notenbanker wirklich?

Sicher, hinterher ist man immer schlauer. Im Nachhinein lassen sich viele Fehlentwicklungen klarer erkennen. Aber selbst nach den eigenen Maßstäben der Notenbanker war die Geldpolitik zu freigiebig. Die Strategie der reinen Inflationssteuerung veranlasste sie, die Zinsen zu lange zu niedrig halten. Mindestens zwischen 2001 und 2006, vermutlich aber auch schon früher, fluteten sie die Weltwirtschaft mit Cash. Die Fed, aber auch die EZB und viele andere Notenbanken pumpten viel zu viel Geld ins System, sodass es zu den Übertreibungen auf den Immobilienmärkten und zur Überschuldung kommen konnte. Und sie sind im Begriff, die Fehler von 2001 zu wiederholen. Denn nach dem Platzen der New-Economy-Blase an den Aktienmärkten lief die Diskussion entlang ähnlicher Linien wie nach dem Platzen der großen Immobilien- und Kreditblase. Auch damals warnten Notenbanken und Ökonomen vor Deflation, die gerade in Verbindung mit der hohen Verschuldung, die in den Boomjahren aufgebaut worden war, in eine hässliche Deflation führen könne. Deshalb müssten die Leitzinsen möglichst niedrig bleiben. Das Ergebnis kennen wir: Die nächste Blase – nur noch größer, noch monströser, noch desaströser als die vorherige.

Wie hätten die Notenbanken also korrekterweise handeln sollen? Sorry, an dieser Stelle wird es für eine kurze Passage etwas technisch; aber es dient hoffentlich der Erhellung.

Ein weithin akzeptierter Gradmesser für den idealen – besser: den angemessenen – Leitzins ist der sogenannte »Taylor-Zins«, benannt nach dem US-Ökonomen John Taylor. Dieses Konzept basiert auf der Vorstellung, dass die Notenbank über den Konjunkturzyklus hinweg einen neutralen Kurs steuern sollte. Die Geldversorgung sollte stets so bemessen sein, dass im Aufschwung eine inflationäre Überhitzung und im Abschwung eine deflationäre Unterkühlung vermieden wird. Ziel der Notenbank ist es demnach, eine bestimmte (niedrige) Zielinflationsrate zu erreichen und über den Konjunkturverlauf zu halten, mit möglichst wenigen Schwankungen nach oben und unten. Die Notenbank soll Verlässlichkeit ins System bringen. So gesehen ist die Taylor-Regel eine Formulierung der Inflationssteuerung. Den Taylor-Zins korrekt zu berechnen ist allerdings nicht so einfach. Kern des Problems ist die Ermittlung der sogenannten Outputlücke (*output gap*): der Differenz zwischen dem tatsächlich gemessenen Bruttoinlandsprodukt und dem Wachstum des »Produktionspotenzials«. Das Produktionspotenzial beinhaltet die Kapazitäten einer Volkswirtschaft bei Normalauslastung, also letztlich die Mengen an ökonomisch nutzbarem Wissen, menschlicher Arbeitskraft und Kapital, die einer Volkswirtschaft zur Verfügung stehen. Dummerweise ist das Wachstum des Produktionspotenzials nicht direkt messbar, sondern nur über einen längeren Zeitraum schätzbar. Wie groß das Produktionspotenzial ist und erst recht wie groß es in ein oder zwei Jahren sein wird, ist also mit großen Schätzfehlern behaftet – die enorme Auswirkungen auf die Notenbankenpolitik haben können (dazu weiter unten mehr).

Nach der Taylor-Formel sollte der Leitzins sinken, wenn zu erwarten ist, dass das Wachstum der tatsächlichen Wirtschaftsleistung deutlich unter das Potenzialwachstum absinkt (»negative Outputlücke«); dann gibt es freie Kapazitäten (steigende Arbeitslosigkeit beispielsweise), die Preise steigen langsamer oder sinken sogar, die Inflation geht zurück. Umgekehrt sollte der Leitzins steigen, wenn sich die Outputlücke schließt oder die Volkswirtschaft sogar oberhalb ihrer normalen Kapazitätsauslastung läuft. Dann übersteigt das tatsächliche Wachstum das Potenzialwachstum (»positive Outputlücke«); um die übermäßige Nachfrage befriedigen zu können, müssen Überstunden und Sonderschichten gefahren werden, Preise und Kosten steigen deutlich. Die Inflationsraten steigen.

Um die Dinge noch weiter zu komplizieren: Leitzinsänderungen der Notenbank beginnen mit einer Verzögerung von rund drei Quartalen auf die Realwirtschaft zu wirken. Das heißt: Die Notenbank muss idealerweise in die Zukunft blicken und vorausschauend handeln, um eine stetige, nichtinflationäre Entwicklung zu gewährleisten. Aus diesem Grund verwenden Zentralbanken viel Mühe darauf, möglichst robuste Prognosen für die künftige Wirtschaftsentwicklung zu gewinnen.

Schauen wir auf die Realität: Wie haben die Notenbanken tatsächlich gehandelt? Haben sie das Paradigma der Inflationssteuerung, das ja den konzeptionellen Rahmen für die Taylor-Regel abgibt, ernst genommen? Das Ergebnis zeigt ein Versagen der Notenbanken. Berechnungen des IWF und der OECD zeigen gleichermaßen, dass die Leitzinsen in den meisten Ländern über Jahre viel zu niedrig waren. In den USA und im Eurogebiet lagen die Zinsen fünf Jahre lang – von 2001 bis 2006 – deutlich unter dem eigentlich angemessenen Taylor-Zins. Besonders dramatisch war der monetäre Stimulus in den USA, wo Alan Greenspans Fed ab 2001 aggressiv die Zinsen auf 1 Prozent gesenkt hatte. Dort lagen die kurzfristigen Zinsen über Jahre um 4 Prozentpunkte unter dem Taylor-Zins. Im Eurogebiet war der geldpolitische Kurs zwar längst nicht so expansiv – im Jahrfünft zwischen 2001 und 2006 lagen die Zinsen nach den IWF-Berechnungen im Schnitt um rund einen Prozentpunkt unter dem Taylor-Zins –, aber in einzelnen Euromitgliedstaaten wirkte die Geldpolitik deutlich stimulierender: In Irland, Spanien, Portugal, Griechenland blieben die Leitzinsen der EZB über einen langen Zeitraum viel niedriger, als es den nationalen Bedingungen eigentlich zuträglich gewesen wäre, so die OECD.

In Deutschland hingegen waren sie, gemessen an der wirtschaftlichen Gesamtsituation, eher einen Prozentpunkt zu hoch, in Österreich lag der Zins praktisch über den ganzen Zeitraum genau auf Taylor-Niveau. Die Differenzen innerhalb des Eurolandes zeigen, wie schwierig es für die EZB ist, eine Geldpolitik zu machen, die für alle Mitgliedsnationen angemessen ist.

Dennoch ist der Befund eindeutig: Im Durchschnitt des gesamten Währungsgebiets war der Zins eindeutig zu niedrig. Und es ist gut möglich, dass diese Berechnungen bald nochmals korrigiert werden müssen, falls sich nämlich bei weiteren Datenrevisionen herausstellen sollte, dass das Potenzialwachstum deutlich niedriger und deshalb die Outputlücke kleiner war als angenommen. Folglich wäre der Taylor-Zins noch höher gewesen und die tatsächliche monetäre Fehlsteuerung noch gravierender. Einige Analysen kommen zu dem Ergebnis, dass die Notenbanken, allen voran die Fed, bereits seit Mitte der neunziger Jahre viel zu viel Geld in die Wirtschaft gepumpt haben und damit bereits die Dot.com-Blase verursachten.

Doch interessanterweise bereitete die Fehlsteuerung kaum jemandem Sorgen. Schließlich waren die Inflationsraten niedrig. Wie oben dargelegt: Die Globalisierung entfaltete einen Wettbewerbsdruck, der die Spielräume bei Preisen und Löhnen einengte, sodass eine offene Inflation nicht ausbrach: Die klassischen Inflationsindikatoren – der Index der Verbraucherpreise etwa – zeigten keine bedrohlichen Ausschläge nach oben. Die Notenbanken konnten also das Gaspedal durchgedrückt halten. Der Tacho zeigte ja keine überhöhte Geschwindigkeit an. Dass der Drehzahlmesser längst im roten Bereich war, nahmen sie zwar zur Kenntnis, aber es änderte nichts an ihrem Handeln.

Die Liquidität, die sie in die Märkte spülten, brach sich anderswo Bahn: Immobilien, Kredite, strukturierte Papiere auf alle möglichen Forderungen, Unternehmens- und Staatsanleihen, Aktien – all diese Werte stiegen und stiegen und stiegen.

Die Kunst des Notenbanking besteht darin, Geld knapp zu halten. Aber nicht zu knapp. Die Geldversorgung sollte der realen wirtschaftlichen Entwicklung entsprechen. Vermehrt sich die Geldmenge schneller, kommt es zu Inflation. Vermehrt sie sich langsamer als die reale Wirtschaft, wird ein zu knapper monetärer Rahmen zum Wachstumshindernis. Dies ist die Vorstellung der klassischen »Quantitätstheorie des Geldes«, die letztlich auch hinter der Taylor-Formel steckt. Das heißt: Die Geldmenge – die Summe aus Bargeld, Sichtguthaben, Termingeldern, Geldmarktfonds – sollte grob gesagt mit der gleichen Rate wachsen wie die Produktion von Gütern und Dienstleistungen. Wächst die Geldmenge schneller, steigen letztlich die Preise. Nach einer Übergangsphase, in der die Geldschwemme die Wirtschaft anregt, kommt es zu Inflation, die letztlich die übermäßige Liquidität wieder abbaut. Wie gesagt: Unter den globalisierten Bedingungen der vergangenen Jahre war dieser Anpassungspfad verbaut, weil die Wettbewerbsintensität die Preisdynamik dämpfte. Entsprechend heftig brach die Liquiditätsschwemme über die Märkte für Vermögensgüter herein.

Die Geldmenge sollte etwa im Gleichschritt mit dem nominalen Sozialprodukt steigen: Wächst die reale Wirtschaft mit einer Rate von 2 bis 3 Prozent und peilt die Zentralbank 2 Prozent Inflation an, dann sollte die Geldmenge mit einer Rate von 4 bis 5 Prozent zunehmen (korrigiert um die Veränderungsrate der Umlaufgeschwindigkeit des Geldes). Dieser Logik folgend, hat sich die Europäische Zentralbank einen »Referenzwert« für das Wachstum der Geldmenge (M3) von 4,5 Prozent gesetzt. Tatsächlich hat sie dieses Ziel seit Beginn der Währungsunion massiv überschritten. Zeitweise, auf dem Höhepunkt des Booms 2007, stieg M3 im zweistelligen Bereich mit Raten um die 12 Prozent. Nur in den Krisen von 2001 und 2009 sank das Geldmengenwachstum unter die 4,5 Prozent-Marke, die meiste Zeit lag die Rate zwischen 6 und 9 Prozent. Das ist bemerkenswert, denn in der Tradition der Deutschen Bundesbank, die das explizite Ziel verfolgte, das Wachstum der Geldmenge M3 zu steuern, trat auch die EZB mit einer geldpolitischen Strategie an, die eine »monetäre Säule« umfasste. Neben der üblichen Inflationssteuerung sollte also auch die grundlegende Geldversorgung in den Blick genommen werden. Das hätte eigentlich dem Entstehen von Blasen entgegenwirken sollen. Aber offenkundig nahm die EZB ihren eigenen M3-Referenzwert nicht sonderlich ernst. Und die EZB war nicht allein.

Dem makroökonomischen Mainstream folgend, kippten die Notenbanken des Westens seit der Jahrtausendwende viel zu viel Geld ins System. Während das nominale Bruttoinlandsprodukt zwischen 1996 und 2008 in den wichtigsten westlichen Volkswirtschaften (USA, Euroland, Japan, Großbritannien und Kanada) um 60 Prozent zunahm, stieg die Geldmenge (je nach Definition) um 110 bis 130 Prozent. Und die Notenbanken der Schwellenländer, die ihre Währungen an den US-Dollar oder den Euro gebunden hatten, folgten ihnen (mehr dazu in Kapitel 4). Die *global excess monetary liquidity* (»globale überschüssige monetäre Liquidität«), so der Deutsche-Bank-Ökonom Sebastian Becker, nahm sogar auf dem vorläufigen Tiefstpunkt der Krise, im Sommer 2009, noch zu.

Für die Zukunft gibt es drei Möglichkeiten, was mit dieser gigantischen Überschussliquidität geschieht: Entweder wird sie abgebaut, indem die offene Inflation der Verbraucherpreise anzieht. Oder es kommt zu verdeckter Inflation, also zur nächsten Vermögenspreisblase (weil die Güterpreise und die Löhne wegen hoher Überkapazitäten doch nicht stark anwachsen). Oder die Notenbanken entziehen den Märkten die Liquidität rasch, sobald sich das Ende der Krise ankündigt. Letzteres glaubt Becker: Dieses Mal sei es unwahrscheinlich, dass die Notenbanker »inaktiv bleiben«, sollten sie den Aufbau einer weiteren »Asset-Preisblase« erkennen.

Ich bin da sehr skeptisch. Schon Ende 2002, als das ganze Ausmaß der Dot.com-Krise deutlich wurde, war ich mir sicher, dass es so schnell nicht wieder so weit kommen würde. In einem Artikel im *manager magazin* schrieb ich damals: »Künftig müssen die Notenbanker die Zinsen erhöhen, wenn die Kurse sich allzu weit von der Realität entfernen und gleichzeitig die Kreditvergabe stark ansteigt – selbst bei niedrigen Inflationsraten. Ergo: Beim nächsten Aufschwung dürften die Geldhüter früher auf die Bremse treten. Einen Boom wie in den späten neunziger Jahren werden sie so schnell nicht wieder zulassen.« Ich konnte mir damals nicht vorstellen, dass Greenspan und Co. so rasch nach dem Internetcrash die nächste, noch größere Blase aufpumpen würden. Aber so kam es.

Nach dem jetzigen Desaster sollte man nun aber wirklich ein Umdenken erwarten dürfen. Oder nicht? Tatsächlich kündigte EZB-Chefvolkswirt Jürgen Stark bereits Ende 2008 in einem Interview mit mir an:»Sobald die akute Krise vorbei ist, müssen Regierungen und Notenbanken auf einen restriktiveren Kurs umschwenken. Die Zeit des sehr billigen Geldes kann und darf nicht ewig dauern.« Im Sommer 2009 begann die EZB eine»Exitstrategie« zu skizzieren.

Das würde ich mir wünschen: einen nachhaltigen Lernprozess – nicht nur bei den Notenbanken, sondern auch bei den Großbanken, den Regulierern, der Politik – bei allen Beteiligten. Ob es so weit kommt? Nicht nur bei der EZB, sondern auch in anderen wichtigen Ländern?

Vielleicht werden sie die alten Fehler nicht eins zu eins wiederholen. Dafür haben sie aber jetzt viele Möglichkeiten, neue Fehler zu machen.

### Die nächsten Fehler der Notenbanken

Niemand sagt, dass Notenbanking einfach sei. Die grundlegende Schwierigkeit besteht darin, den Zustand der Volkswirtschaft insgesamt zu erkennen, jenes Superorganismus aus vielen Millionen Menschen, die ihren Geschäften nachgehen, Pläne schmieden und sich zuweilen in kollektive Euphorien oder in Depressionen hineinsteigern. Nur wenn die Notenbanker den Zustand der Makroökonomie halbwegs verlässlich erkennen, können sie Gefahren für die Stabilität der Preise orten. Problematisch wird es, wenn sich die Strukturen der Wirtschaft rasant verändern, wie das in den vergangenen Jahren der Fall war (Globalisierung, Aufstieg Chinas, »Innovationen« an den Finanzmärkten). Und besonders abrupt verändern sich die Wirkungsweisen und Regelkreise der ökonomischen Maschine in großen Krisen wie der gegenwärtigen. Von den Strukturveränderungen haben die Zeitgenossen zunächst nur eine recht vage Vorstellung. Erst im Nachhinein werden die Neuerungen verlässlich erkennbar. Eben deshalb ist es wahrscheinlich, dass die Notenbanker in der Zeit nach der Krise eine Menge Fehler machen werden, einfach wegen der großen Unsicherheiten, mit denen nun Schätzungen über den Zustand der Wirtschaft behaftet sind.

Das Hauptproblem für die Notenbanker besteht darin, die Outputlücke halbwegs korrekt vorherzusagen: Wie groß ist die Abweichung der aktuellen Konjunkturlage vom langfristigen Wachstumstrend? Zeigt ein schwaches Wachstum der Wirtschaft eine Rezession an – oder handelt es sich um eine strukturelle Schwäche, die sich mit den Mitteln der Geldpolitik nicht beheben lässt? Solange von einer großen Outputlücke auszugehen ist, sollten die Notenbanken – gemäß der Taylor-Regel – die Zinsen niedrig halten. Wenn aber der Wachstumspfad durch große Schocks, wie es die Finanzkrise ist, abknickt und die Entwicklungsmöglichkeiten der Wirtschaft nachhaltig gedämpft werden, besteht womöglich gar keine Outputlücke. Hohe Arbeitslosigkeit, unausgelastete Kapazitäten in den Büros und Fabriken können einerseits bedeuten, dass Rezession herrscht, andererseits kann die Unterbeschäftigung eine Facette des niedrigeren Wachstumspfades sein. Im ersten Fall wäre die Outputlücke groß, sodass folglich ein stimulierender Kurs angemessen wäre, weil ja eine Menge mehr Nachfrage von den bestehenden Kapazitäten befriedigt werden könnte, ohne die Inflation zu schüren. Im zweiten Fall würden Teile des Produktionsapparats nicht mehr benötigt, die Outputlücke wäre klein oder sogar positiv; eine Geldexpansion durch die Notenbanken würde folglich nicht die obsoleten Kapazitäten auslasten, sondern lediglich die Preise in die Höhe treiben.

Es ist exakt die Situation, in der die Wirtschaft nach der akuten Weltwirtschaftskrise in den kommenden Jahren sein wird: Die Arbeitslosenquoten sind hoch, das Wachstum bleibt schwach. Deshalb liegt der Schluss nahe, dass die Notenbanken noch für längere Zeit die Zinsen niedrig halten und das Wachstum unterstützen sollten. Doch dieser Kurs könnte sich als fatale Fehleinschätzung erweisen, die vor allem eine Folge hätte: eine galoppierende Inflation.

Die Schätzfehler können sehr groß sein: So kalkulierte Mitte 2009 die OECD für das Jahr 2010 eine negative Outputlücke von 5,4 Prozent (USA) beziehungsweise 6 Prozent (Eurozone). Derart große unausgelastete Kapazitäten sprechen für massiven Druck auf die Preise, möglicherweise sogar für Deflation. Hingegen kalkulierten Thomas Mayer und sein Kollege Michael Biggs, beide Ökonomen bei der Deutschen Bank in London, sehr viel kleinere Abweichungen vom langfristigen Wachstumspfad: Allenfalls bei 2,5 Prozent liege die Produktionslücke in den beiden großen westlichen Wirtschaftsräumen; womöglich sei die Outputlücke sogar noch kleiner.

Der Grund für die unterschiedlichen Einschätzungen liegt im Abknicken des Wachstumspfads: Statt der bisherigen Raten fürs Potenzialwachstum zwischen 2 und 3 Prozent rechnen Mayer und Biggs für die USA mit 1,5 bis 2 Prozent Potenzialwachstum in den kommenden Jahren, für das Eurogebiet gehen sie sogar nur von Raten zwischen 1 und 1,5 Prozent aus. Das mag arg pessimistisch anmuten, aber es macht durchaus Sinn: Der von den Notenbanken angefachte Aufschwung zu Beginn dieses Jahrhunderts hat für eine dramatische volkswirtschaftliche Fehlsteuerung gesorgt. Rasch steigende Häuserpreise haben einen Bauboom befeuert, der in vielen Ländern – in den USA, Großbritannien, Spanien, sogar in Frankreich und Italien – für eine Aufblähung der Baukapazitäten gesorgt hat. Nun gibt es Überkapazitäten in diesen Sektoren. Bauarbeiter sind arbeitslos, und sie werden so schnell nicht in anderen Branchen unterkommen. Firmen gehen pleite, Bagger,

Lkws, Kräne sind überreichlich vorhanden. Spiegelbildlich dazu stellt sich die Situation in industriell geprägten Exportländern wie Deutschland, Japan und China dar. Sie haben in den Jahren des Booms vom Importsog aus den Defizitländern, vor allem aus den USA, profitiert. Die industrielle Produktion – Auto, Maschinenbau, Chemie, Stahl – wurde massiv ausgebaut. Auch Teile dieser Kapazitäten werden in den kommenden Jahren nicht mehr gebraucht.

Die Krise stößt einen Strukturwandel an. Viele bestehende Kapazitäten sind unter den veränderten Bedingungen überflüssig. So kommt es zu der scheinbar paradoxen Konstellation, dass einerseits die Arbeitslosenquoten hoch bleiben, andererseits aber auch die Inflationsgefahren steigen. »Stagflation« nannte man das in den siebziger Jahren. Die große Frage lautet, ob die Notenbanken heute die Fehler von damals wiederholen werden – ob sie zu lange an überoptimistischen Wachstumsschätzungen festhalten.

Tatsächlich ähnelt die heutige Situation der Phase nach dem Ölschock von 1973. Und auch damals waren es die Fehleinschätzungen der Notenbanken, die dafür sorgten, dass der Preisschub aus dem Ölmarkt eine generelle Inflationsdynamik in Gang setzte. Besonders gut untersucht ist das für die USA und die Politik der Fed: Die Echtzeitschätzungen Mitte der siebziger Jahre zeigten dramatisch große (negative) Outputlücken an. Nach den damals zur Verfügung stehenden Daten lag die Unterauslastung der Kapazitäten 1975 bei dramatischen 16 Prozent. Entsprechend traten die Fed-Gouverneure aufs Gas: In dem Glauben, sie müssten die Wirtschaft aus einem sehr tiefen Tal herausführen, hielten sie die Zinsen niedrig. (Heutige Schätzungen für das Potenzialwachstum des Jahres 1975 zeigen, dass die Outputlücke bei lediglich 4 Prozent lag.) 1979 schätzen die Fed-Gouverneure die Outputlücke immer noch auf 2 Prozent; heutige Schätzungen zeigen rückblickend eine *Über*auslastung der Kapazitäten (positive Outputlücke) von 2 Prozent – statt in der Rezession befand sich die Wirtschaft bereits in einer Überhitzungsphase. Entsprechend schossen die Inflationsraten hoch. 1975 und 1979 erreichte die Geldentwertung jeweils Werte von 10 Prozent.

Ein niedriger Wachstumspfad bedeutet, dass hohe Arbeitslosenquoten der Normalfall sein können. Nur unter Inkaufnahme einer inflationären Überhitzung lassen sie sich – temporär – senken. Die sogenannte inflationsstabile Arbeitslosenquote (NAIRU – *Non-Accelerating Inflation Rate of Unemployment*) wäre also stark gestiegen. Mayer und Biggs schätzen die NAIRU für die USA in den Jahren ab 2010 auf 9,6 Prozent. Eine sehr hohe Arbeitslosenquote, die politisch schwer zu akzeptieren sein wird. 9,6 Prozent sind sogar für europäische Verhältnisse hoch. Für die USA – die sich seit den achtziger Jahren als Land der unbegrenzten Beschäftigungsmöglichkeiten fühlten und die über zwei Jahrzehnte große Erfolge im Beschäftigungsaufbau feierten – wird die Existenz einer derart hohen Arbeitslosenquote politisch schwer erträglich sein.

Ein nachhaltiges Abknicken des Wachstumspfads, auch in den kommenden Jahrzehnten, ist wahrscheinlich: Nicht nur die Krise, auch die hohe Staatverschuldung, die Rohstoffknappheit und die demografische Entwicklung werden die Entwicklungsmöglichkeiten dämpfen und folglich die Inflationsgefahren erhöhen. Wenn die Notenbanken die beschränkten ökonomischen Möglichkeiten nicht akzeptieren und das Geld nicht entsprechend knapp halten, sondern dem Druck der Öffentlichkeit und der Politik nachgeben, dann werden sie ein künstliches, aber letztlich inflationäres Wachstum anfachen.

Wie gesagt, Notenbanking ist keine leichte Disziplin. Und sie wird noch dadurch erschwert, dass die Geldhüter künftig in neuen Ziel- und Interessenkonflikten stecken. Denn die Krise hat ihre Rolle grundlegend verändert.

## Weitere Konflikte: die neuen Rollen der Notenbanken

Bis im Sommer 2007 die große Krise ausbrach, agierten die Notenbanker in einem klar abgesteckten Handlungsrahmen. Unabhängig von der übrigen Politik, konzentrierten sie sich darauf, die Steigerung der Verbraucherpreise zu begrenzen. Sicher, die Gesetze schrieben ihnen vor, dass sie sich auch um das reibungslose Funktionieren der Geldmärkte und der Zahlungssysteme kümmern sollten. Und einige nationale Notenbanken innerhalb des Eurogebiets, die Banque de France oder die Nederlandsche Bank, waren nebenher auch für die Aufsicht über die Banken und die Finanzmärkte zuständig. Aber da nach herrschender Lehre Finanzmärkte prinzipiell effizient waren, beschränkte sich die Aufsicht auf Eingriffe mit leichter Hand. In vielen Ländern waren dafür von den Notenbanken getrennte Institutionen zuständig: in Großbritannien die FSA, in Deutschland die BaFin, in den USA eine komplexe »balkanisierte« (so Exfinanzminister Hank Paulson) Landschaft aus Dutzenden unterschiedlicher Behörden. Doch seit im Sommer 2007 die Geldmärkte zusammenbrachen – die Banken liehen sich untereinander kein Geld mehr, weil sie befürchteten, es nicht zurückzubekommen, falls andere Institute womöglich morgen implodierten – sind die Notenbanken zentrale Akteure. Von der Öffentlichkeit weitgehend unbemerkt, sind sie dabei, massiv an Macht und Einfluss zu gewinnen. Aber das heißt auch: Sie sind mittendrin im politischen Geschäft – und entsprechend angreifbar.

Mit dem Zusammenbruch der Geldmärkte übernahmen EZB, Fed und Co. die Rolle des Geldmarktes. Wer Geld leihen oder überschüssige Liquidität anlegen wollte – die Notenbanken ersetzten kaputte Märkte. Teilweise unterstützten sie auch den Unternehmenssektor, indem sie direkt Firmenanleihen aufkauften, und die Finanzminister, indem sie Staatsanleihen aufkauften. Sie wurden nicht nur zu *lenders of last resort* (»Gläubigern der letzten Zuflucht«), sondern auch zu *market makers of last resort*: Die Fed überschritt im Winter 2008 als erste eine geldpolitische Demarkationslinie, als sie die taumelnde Investmentbank Bear Stearns an J. P. Morgan Chase weiterreichte und 30 Milliarden US-Dollar an Krediten als Zugabe drauflegte. In Deutschland begleitete die

Bundesbank die Rettung der HypoRealEstate (HRE), und sie un-
terstützte die Bundesregierung bei der Neuordnung des Bankensektors. Bundesbankpräsident Axel Weber arbeitete den Plan für
einen Rettungsschirm und die Schaffung des Stabilisierungsfonds
SoFFin aus, jenen Plan, der das Bankensystem stabilisierte und
Hunderte Milliarden Euro an staatlichen Garantien für angeschlagene Institute bereitstellte. Das sind Beispiele für notwendige,
aber auch politisch heikle Maßnahmen, die die Notenbanken politisch angreifbar machen. So musste sich Fed-Chairman Ben Bernanke vor dem US-Kongress gegen den Vorwurf verteidigen, er habe
bei dem Bear-Stearns-Deal Steuergelder veruntreut. Die Angriffe
waren hart und direkt. Kein Vergleich mit der Hochachtung, mit
der Bernanke und erst recht sein Vorgänger Alan Greenspan früher vom Kongress aufgenommen worden waren.

Und doch: Dass die Notenbanken sich stärker einmischen sollen, ist eine richtige Lehre aus der Krise. Sie sollen künftig bei der
Bankenaufsicht eine prominentere Rolle spielen, weil sie mehr
Informationen haben als die Aufsichtsbehörden darüber, wie es
tatsächlich um einzelne Banken steht – schließlich stehen die Notenbanken in ständigen Geschäftsbeziehungen mit den Geschäftsbanken. Mehr noch: Sie sollen zu Superregulierern werden, die die
Banken zu antizyklischem Verhalten anhalten. Bei guter Konjunktur sollen sie die Institute künftig verpflichten, mehr Eigenkapital
vorzuhalten – und zurückhaltender zu sein bei der Kreditvergabe.
Im Abschwung hingegen dürften die Banken dann größere Risiken eingehen. William White, langjähriger Chefökonom der Bank
für Internationalen Zahlungsausgleich (BIZ), wirbt schon seit Jahren für ein solches »Macrofinancial Stability Framework«. Wie
groß die jeweils geforderte Kapitalunterlegung wäre, sollen die
Aufseher im Konjunkturverlauf festlegen. »Am Ende muss einer
das Sagen haben«, findet White. »Wer sonst sollte das sein, wenn
nicht die Notenbanker.«

»Die Beaufsichtigung der Finanzmärkte muss, über die Insti-
tutsaufsicht hinaus, deutlich stärker eine systemische Sicht ein-

nehmen«, sagt Hans-Helmut Kotz, Vorstandsmitglied der Bundesbank. »Damit wird die klassische Bankenaufsicht ergänzt. Es geht um eine Einschätzung des Zusammenspiels von Instrumenten und Institutionen und der Folgen für die Marktstabilität.« Als Vorbild gilt die Banco de España. Deren früherer Gouverneur Jaime Caruana, inzwischen BIZ-Chef, führte das System im Jahr 2000 ein. Mit der Folge, dass sich zwar auch in Spanien eine gigantische Hauspreisblase aufpumpte, die iberischen Banken aber vergleichsweise robust durch die Krise kamen. Sie waren verpflichtet worden, entsprechende Vorsorge zu treffen.

Die Notenbanken sind mittendrin in einem Paradigmenwechsel: Ihr direkter Einfluss auf die Geschäftsbanken nimmt deutlich zu. Zugleich hat sich ihr bisheriges Leitkonzept der Inflationssteuerung als zu eng erwiesen. Kurz: Die Theorien, nach denen die Notenbanken bislang gearbeitet haben, sind von der Realität überholt worden. Der Wandel bricht mit penibel gehüteten Traditionen. Gerade für Deutschland. Die Bundesbank der D-Mark-Ära war stets auf ihre Unabhängigkeit von der Politik bedacht, ein Erbe, das sie an die EZB weitergab. Manchen befallen nun arge Bauchschmerzen. »Die neue Rolle bekommt den Notenbanken gar nicht«, sagte mir ein emeritierter deutscher Zentralbanker. »Sie werden zu stark in die Politik hineingezogen. Mir gefällt die ganze Entwicklung überhaupt nicht.«

Denn wie werden Notenbanken entscheiden, wenn die beiden Ziele – Preisstabilität und Finanzmarktstabilität – in gegensätzliche Richtungen weisen? Wenn die Inflation anzuziehen droht, spricht das für höhere Leitzinsen und eine knappere Geldversorgung. Wenn aber gleichzeitig Banken in angespannter Finanzlage sind, kann eine Verengung der Liquidität ganze Institute ins Taumeln bringen. Wie soll sich die Führung einer Notenbank dann entscheiden? Am Ende wird vermutlich ein Kompromiss herauskommen: Sie werden die Banken stabilisieren, und sie werden etwas mehr Inflation wagen – zumal die Prognosen über die Preisdynamik mit großer Unsicherheit behaftet sind und also die Hoffnung keimen lassen, es gerate doch nicht alles außer Kontrolle.

Besonders beunruhigend ist der Angriff des Kongresses auf die Unabhängigkeit der Fed, der noch andauert, während ich dieses Manuskript abschließe. Vermutlich wird die US-Notenbank in Zukunft nicht mehr aus eigener Machtvollkommenheit über den Dollar wachen dürfen, das Parlament will in der Geldpolitik mitmischen. Das Vertrauen in den Staat erodiert in Amerika seit Jahrzehnten. Die Fed bekommt dieses Misstrauen nun direkt zu spüren. Es ist keine banale Formalie, sondern ein folgenreicher Schritt. Nur unabhängige Notenbanken, das war die Lehre aus der großen Inflation der 70er Jahre, sind in der Lage, politischem Druck standzuhalten und die Geldverhältnisse dauerhaft zu stabilisieren. Nahezu alle demokratischen Staaten folgten nach und nach dem Vorbild der Fed, der Deutschen Bundesbank und der Schweizerischen Nationalbank. Wenn nun die Fed, die wichtigste Notenbank der Welt, ihre Unabhängigkeit verliert – und danach sieht es aus –, dann hat dies weltweite Signalwirkung. »Das Zentralbanking wird zunehmend politisiert«, sagt Harold James, Professor in Princeton. Ein Notenbanker, der lieber anonym bleiben möchte, konstatiert trocken: »Offenbar verändert sich in Amerika der gesellschaftliche Stabilitätskonsens. Wenn eine demokratische Gesellschaft mehr Inflation wünscht, dann verändert sie ihre Institutionen. So einfach ist das.« Und was bedeutet es für den Rest der Welt, wenn Amerika mehr Inflation wagt? Nun ja, antwortet er achselzuckend, letztlich werde sich kein Land davon vollkommen isolieren können.

Ob die Notenbanken die Lage an der Preisfront tatsächlich unter Kontrolle behalten, wird sich zeigen. Sowohl in der Politik als auch in der Wirtschaft gibt es viele, die ein Interesse daran haben, die Preisstabilität neu zu definieren.

## Kapitel 3

# Organisierte Rücksichtslosigkeit

## Warum hoch verschuldete Staaten für Inflation anfällig sind

Nicht nur die Notenbanken haben in den vergangenen Jahrzehnten immer wieder versucht, das Wachstum anzuheizen, und dabei desaströse Spätfolgen und Nebenwirkungen hingenommen. Auch die Finanzpolitik steuerte einen rücksichtslos expansiven Kurs: Übermäßige Ansprüche an den Staat wurden befriedigt, ohne dass den Bürgern die Rechnung dafür präsentiert worden wäre. Systematisch wurden Lasten in die Zukunft verschoben. Das rächt sich nun. Die Finanzkrise und die anschließende Weltrezession haben den Zustand der öffentlichen Haushalte in vielen Ländern dramatisch verschlechtert. Die Lage ist verfahren, die Aussichten sind trübe: steigende Steuern und geringere öffentliche Leistungen, Inflation, Verschuldungsspiralen und Staatsbankrotte – finstere Perspektiven.

Sicher, in der tiefen Rezession nach dem Platzen der Kreditblase waren fiskalische Nachfrageprogramme nötig, um ein völliges Abstürzen der Wirtschaft zu verhindern. Die Begründung war die gleiche wie bei den Liquiditätsspritzen der Notenbanken: Es ging darum, das Abgleiten in Depression, Deflation, soziale Unruhen und internationale Spannungen zu verhindern. Allerdings hätte es gar nicht so weit kommen müssen. Ebenso wie die Notenbanken das Anschwellen der großen Blase durch eine striktere Geldversorgung hätten vermeiden können, hätten die Politiker eine vorsorgende Finanzpolitik betreiben sollen. Die Lasten des Crashs wären dann leichter zu tragen gewesen. Stattdessen stolperten die meisten westlichen Staaten mit bereits angespannter öffentlicher Finanzlage in die Krise. Und insbesondere die USA, der Ausgangspunkt der Finanzkrise, verfolgen seit dem Platzen der Blase einen Kurs schrankenloser Kreditaufnahme: Nach dem Zusammenbruch ihrer überschuldeten privaten Wirtschaft bringen sie die Staatsfinanzen an die Grenze zur Manövrierfähigkeit – eine Verdoppelung der Schuldenlast in den kommenden Jahren ist wahrscheinlich. Der US-Dollar ist eine Weltwährung auf Abruf, Amerikas Rolle als Weltmacht in Gefahr.

Amerika mag ein Extremfall sein. Doch praktisch alle westlichen Staaten steuern seit den siebziger Jahren einen unsoliden Kurs. Als Folge der Ölkrise 1973 und des Auseinanderbrechens des Gold-Dollar-Währungssystems von Bretton Woods verfestigte sich eine Schulden-Inflationsdynamik. Es fiel damals schwer, die fundamentale Verlangsamung des Wachstums zu akzeptieren. Immer neue Konjunkturprogramme führten nicht mehr zu den gewünschten Wachstumseffekten, sondern durch eine zusätzliche, staatliche Übernachfrage zu einem weiteren Ansteigen der Inflation. Immer höhere Anforderungen an die Aufgaben des Staates, insbesondere an die Sozialpolitik, trieben die Staatsquoten in die Höhe. Vielfach war dies nicht durch höhere Staatseinnahmen – Steuern und Sozialabgaben – gedeckt, sodass die Verschuldung immer weiter anwuchs. Politisch abhängige Notenbanken hielten die Zinsen niedrig, in der Folge stiegen die Inflationsraten. Das verschaffte dem Staatshaushalt natürlich nur vorübergehend Erleichterung und verteuerte bald den Schuldendienst umso mehr, sodass die öffentlichen Haushalte noch höhere Defizite in Kauf nehmen mussten. Eine Verschuldungsdynamik kam in Gang. Immer größere Lasten wurden in die Zukunft verschoben, obwohl spätestens seit Mitte der achtziger Jahre klar war, dass die Alterung vieler westlicher Gesellschaften es in Zukunft immer schwieriger machen würde, die Schuldenberge zu bedienen oder gar abzutragen.

Doch nachdem die Große Inflation eingedämmt war, nachdem die Kapitalmärkte international geöffnet waren und die Zinsen entsprechend auf niedrigere Niveaus gesunken, war die Versuchung groß, den scheinbar erweiterten Budgetspielraum zu nutzen. So steigerten die USA unter Präsident Ronald Reagan in den achtziger Jahren die Staatsverschuldung dramatisch: Zwischen 1980 und 1985 stieg die Schuldenstandsquote von 40 auf 60 Prozent des Bruttoinlandsprodukts. Zehn Jahre später vollzog Deutschland eine vergleichbare Entwicklung infolge der Wiedervereinigung: Zwischen 1991 und 1996 schwoll die Schuldenstandsquote ebenfalls von 40 auf 60 Prozent an.

Zwar gab es immer wieder Phasen der Stabilisierung: in Deutschland in den achtziger Jahren unter Kanzler Helmut Kohl, in den USA in den neunziger Jahren unter Präsident Bill Clinton, zur gleichen Zeit in vielen europäischen Ländern in Vorbereitung auf den Beitritt zur europäischen Währungsunion, die eine Stabilisierung der Staatsschulden bei 60 Prozent und laufende Defizite von maximal 3 Prozent als Aufnahmebedingungen verlangte (auch wenn diese Kriterien am Ende gedehnt und gebeugt wurden). So gelang es selbst hoch verschuldeten Staaten wie Italien und Belgien, ihre Schuldenstände von über 120 Prozent des Bruttoinlandsprodukts (BIP) auf Werte um 100 Prozent zu senken. Und auch die Große Koalition in Deutschland schaffte es immerhin ab 2006 für drei Jahre, sich einem ausgeglichenen Staatshaushalt zu nähern. Doch all diese Episoden geboten der potenziell inflationären Finanzpolitik nur vorübergehend Einhalt. Meist waren die Phasen keine echten Konsolidierungen, sondern die Finanzminister nutzten lediglich gute Konjunkturlagen und entsprechend steigende Steuereinnahmen, kurzfristig sinkende Zinsen, oder sie erhöhten schlichtweg die Steuern und privatisierten öffentliches Vermögen. Substanzielle Ausgabenkürzungen waren die Ausnahme, nicht die Regel. Die Folgen waren stets die gleichen: Sobald sich die äußeren Bedingungen verschlechterten, war die Phase der Haushaltskonsolidierung vorbei. Die Schuldenberge stiegen abermals an und erreichten neue Höchststände.

1970 lag die Schuldenstandsquote im Durchschnitt der reichen Länder bei 40 Prozent, bis 1990 stieg sie auf 60 Prozent, im Verlauf der neunziger Jahre auf 70 Prozent, 2007 erreichte die Quote 77 Prozent. Nur wenige Staaten waren in der Lage, sich dauerhaft diesem Trend zu entziehen: Den skandinavischen Ländern Schweden und Dänemark gelang es, einen gesellschaftlichen Konsens für eine dauerhafte Entschuldung des Staates zu erzielen, der so tragfähig war, dass er auch Regierungswechsel und Konjunkturschwankungen überstand; in Dänemark sank die Schuldenquote von 85 Prozent im Jahr 1993 auf gut 30 Prozent. Auch die Niederlande und Neuseeland erreichten eine Halbierung ihrer Schuldenstandsquote. Meist handelte es sich um relativ kleine Nationen mit großem gesellschaftlichen Zusammenhalt, die es schafften, auch in fiskalisch guten Zeiten der Versuchung zu widerstehen, die Haushaltsüberschüsse von Ausgabenprogrammen oder Steuersenkungen an die Wähler auszuschütten.

Aber diese positiven Beispiele waren allenfalls kleine Hoffungsschimmer, Ausreißer, die am internationalen Trend der immer weiter steigenden Verschuldung nichts änderten. Dann brach die Finanzkrise über die Welt herein. Abermals stiegen und steigen die Staatsschulden rapide. Sie legen den Keim für künftige Schuldenkrisen, für fiskalische Zusammenbrüche.

Prinzipiell gibt es vier Varianten, Staatsschulden zu senken:

- *Variante eins: Aus den Schulden herauswachsen.* Zweifellos die eleganteste Lösung. Eine dynamische Wirtschaft – ebenso eine wachsende Bevölkerung – trägt den Schuldenberg nicht ab, sondern türmt einfach kaum noch neue Verbindlichkeiten auf. Der bestehende Schuldenberg wird leichter finanzierbar, die Schuldenstandsquote sinkt.
- *Variante zwei: Kalte Sanierung.* Seriös, aber schmerzhaft. Der Staat erhöht seine Einnahmen, indem er den Bürgern mehr

Geld abknöpft. Die Steuerquoten steigen. Zugleich werden die Ausgaben zurückgefahren.

- *Variante drei: Inflation.* Umverteilung zu den Schuldnern auf Kosten der Gläubiger. Ein rapide steigendes Preisniveau mindert den realen Wert der Schulden. Negative Realzinsen schüren kurzfristig das Wachstum und mehren die Steuereinnahmen. Steigende Nominaleinkommen (aber wegen der hohen Preissteigerungsraten stagnierende oder sogar sinkende Realeinkommen) sorgen in progressiven Steuersystemen dafür, dass immer mehr Menschen höhere Steuersätze zahlen müssen (»kalte Progression«). Die Staatseinnahmen wachsen, ohne dass explizite politische Entscheidungen nötig wären. Zugleich werden sämtliche staatlichen Leistungen real entwertet; Inflationsanpassungen, wie bei der deutschen umlagefinanzierten Rente, erfolgen mit Zeitverzögerung. Der Finanzminister gewinnt Spielraum. Zumindest vorübergehend.
- *Variante vier: Staatsbankrott.* Räuberische Enteignung der Schuldner. Der Staat hört einfach auf, seine Schulden zu bedienen. Zinszahlungen werden eingestellt. Rückzahlungen von Anleihen werden gestrichen oder, falls sie auf eine fremde Währung wie Euro oder Dollar lauten, auf eigene Währung umgestellt.

Variante eins gelang vielen Staaten nach den Weltkriegen. So hatte Großbritannien 1937 – nach dem Ersten Weltkrieg und der Großen Depression – eine Schuldenstandsquote von 188 Prozent, konnte sie aber bis 1970 auf 82 Prozent senken. Frankreich verzeichnete 1937 Schulden in Höhe von 137 Prozent, 1970 waren es nur noch 53 Prozent. Das gelang in dieser Zeit relativ einfach, weil die Wirtschaft in den fünfziger und sechziger Jahren überall im Westen stark wuchs und die Kopfzahl der Bevölkerung dynamisch zunahm. Für die nähere Zukunft ist diese Strategie jedoch kaum anwendbar angesichts des durch die Finanzkrise und die Rohstoffknappheit fundamental abgeschwächten Wachstums sowie aufgrund der demografische Wende, die zusätzliche eigene fiskalische Belastungen mit sich bringt.

Variante zwei – Steuern rauf, staatliche Leistungen runter – ist in vielen Ländern erprobt. Deutschland hat sie in den vergangenen Jahren halbwegs erfolgreich angewandt – Kanzler Gerhard Schröders Agenda 2010 plus Mehrwertsteuererhöhung und Rente mit 67 unter der Großen Koalition aus Union und SPD hatten die langfristige Tragfähigkeit des Staatshaushalts vorübergehend verbessert. Für eine solche Strategie bedarf es allerdings eines gesellschaftlichen Stabilitätskonsenses und glaubwürdiger staatlicher Institutionen. Das ist längst nicht überall der Fall, nicht einmal überall im Euroland. Die Südländer – Italien, Griechenland, Spanien, Portugal – haben als ehemalige Weichwährungsvolkswirtschaften einen zweifelhaften *track record* und wurden deshalb im Verlauf der Krise prompt mit höheren Risikoaufschlägen auf die Zinsen bestraft.

Variante drei funktioniert nur bei Staaten, die in der Lage sind, sich in eigener Währung zu verschulden. Nur dann lassen sich die eigenen Schulden weginflationieren. Amerika und Großbritannien sind deshalb Kandidaten für künftige Geldentwertungen. Auch die politische Ökonomie spricht in diesen Ländern für laxere Geldverhältnisse: Nicht nur die staatlichen, auch die privaten Schulden sind so hoch, dass die Entschuldung via Inflation vielen Bürgern durchaus attraktiv erscheinen mag. In der Eurozone hingegen können sich einzelne Staaten nicht mehr mittels Inflation ihre Lasten vom Hals schaffen, weil sie keine eigene Währung mehr haben. Nur ein den Währungsraum übergreifender Konsens kann hier zu einem Schwenk in Richtung Inflation führen – aber ein solcher Kurswechsel ist nicht so unwahrscheinlich, wie es auf den ersten Blick erscheinen mag. Doch dazu später mehr.

Variante vier – die Einstellung des Schuldendienstes beziehungsweise die einseitige Abwertung von Staatsanleihen – ist das letzte Mittel einer verzweifelten Regierung in auswegloser Lage. Dadurch schneidet sich allerdings ein Land vom internationalen

Kapitalmarkt ab. Ein hoher Preis, den zu zahlen wohlgeordnete Staatswesen nicht bereit sein werden. Denkbar ist allerdings, dass einzelne Eurostaaten in Zukunft mit dem eigenen Bankrott drohen, um die Partnerländer zu Hilfszahlungen zu nötigen (die nach dem EU-Vertrag eigentlich verboten sind).

Folgendes Szenario halte ich für das Wahrscheinlichste: In den kommenden Jahren werden wir eine Mischung aus Variante zwei und drei erleben – steigende Steuern in Verbindung mit höheren Inflationsraten. Wobei die Akzente unterschiedlich sein werden: eher Variante zwei in Kontinentaleuropa, eher Variante drei bei den Angelsachsen. So viel ist sicher: Die Löcher, die die Finanzkrise und die folgende Weltrezession in die öffentlichen Kassen reißen, werden auf seriösen Wegen nur schwer zu stopfen sein.

## Wie die Finanzkrise die Staatsfinanzen ruiniert

Was derzeit passiert, ist die Lösung einer gigantischen privaten Verschuldungskrise durch die immer höhere Verschuldung der Staaten. Eine typische Situation. Die Welt hat sie schon viele Male erlebt. Auf die Blase folgt der Zusammenbruch. Banken gehen bankrott oder werden vom Staat gerettet. Das ganze private Wirtschaftssystem schaltet auf Entschuldung um – Unternehmen, Bürger, Banken. Investitionen sind kaum noch finanzierbar. Die Arbeitslosigkeit steigt. Und weil die Bürger Angst um ihre Jobs haben, halten sie sich beim Konsumieren zurück. Die Wirtschaft schleppt sich auf dem schmalen Grad zwischen notwendiger Entschuldung und desaströser Depression dahin. Auf Jahre bleiben die Wachstumskräfte bestenfalls schwach, schlimmstenfalls schrumpft der Wohlstand empfindlich. All das kam schon oft vor – allerdings wohl noch nie in einer derartigen globalen Synchronität und Heftigkeit wie in den Jahren nach 2007. Aufgrund der Vorerfahrungen haben wir eine ziemlich genaue Vorstellung davon, wie es nach dem großen Crash infolge des großen Booms weitergeht. Die US-Ökonomen Carmen Reinhart und Kenneth Rogoff haben Finanzkrisen in 66 Ländern untersucht und in mehreren Studien einige beunruhigende Muster herausgearbeitet: Ist der Ausgangspunkt der Krise ein Immobilienmarktcrash – wie es 2007 der Fall war –, dann dauert die Korrektur im Schnitt vier bis sechs Jahre. So lange verschlechtert sich die Vermögenssituation der Haushalte weiter, so lange leiden die Banken unter immer weiteren faulen Krediten. So lange halten sie sich mit der Kreditvergabe zurück und drücken die reale Wirtschaft zu Boden. Privatbürger, die sich im Boom verschuldet und ihre Ersparnisse vermindert haben, legen wieder mehr Geld zur Seite. Binnen drei Jahren nach Ausbruch einer solchen Krise steigt die Staatsverschuldung im Durchschnitt um 86 Prozent. Und danach womöglich noch weiter. Es sei denn, es kommt zu einer Belebung der Wirtschaft von außen – was für kleinere Volkswirtschaften wie die skandinavischen Länder nach den Finanzkrisen vom Anfang der neunziger Jahre galt, was allerdings in einer Weltwirtschaftskrise wie der derzeitigen unwahrscheinlich scheint, da alle hochentwickelten Nationen in ähnlich gelagerten Problemen stecken.

86 Prozent! Deutschland und die USA hätten dann Schuldenstände von über 120 Prozent, Großbritannien von über 100 Prozent, Japan von über 300 Prozent ... Aber, wie gesagt, dies ist ein historischer Durchschnittswert. In einigen Fällen wird es ganz so schlimm nicht werden, in anderen Fällen womöglich noch schlimmer.

Der Internationale Währungsfonds (IWF) hat versucht abzuschätzen, was in den kommenden Jahren mit den Staatsfinanzen der G20-Länder (die großen westlichen Staaten und die wichtigsten Schwellenländer) geschehen wird. Allein die direkten Kosten durch die Rettung des Bankensystems schlagen in vielen Ländern mit hohen Beträgen zu Buche. Die Regierungen haben Kapital in bankrottbedrohte Banken gepumpt oder direkt Wertpapiere von den Banken aufgekauft. Die Notenbanken haben Liquidität in die Märkte geschossen und Wertpapiere akzeptiert, deren Märkte zusammengebrochen waren und deren wahrer Wert kaum kalkulierbar ist. Vor allem aber gaben die Staaten Garantien für den Bankensektor ab: explizit, indem sie Fonds auflegten wie in Deutschland den SoFFin (Sonderfonds Finanzmarktstabilisierung) oder in den USA das TARP (Troubled Asset Relief Program) – oder implizit, indem sie, ohne gesetzliche Grundlage, alle Bankeinlagen für staatlich gesichert erklärten und nach der Lehman-Pleite 2008 durchblicken ließen, keine Bank untergehen lassen zu wollen. Selbst wenn man die impliziten Garantien aus der Betrachtung ausklammert, kommen in vielen Ländern immer noch gigantische Summen zusammen.

Kaum verwunderlich: Am stärksten betroffen sind Länder mit großen Finanzsektoren in Relation zur Größe der Volkswirtschaft: In Irland belaufen sich die gesamten Finanzmarkthilfen für die Banken auf 267 Prozent des Sozialprodukts, in Großbritannien auf 82 Prozent, in den USA auf 81 Prozent. Auch Schweden (70 Prozent), die Niederlande (40 Prozent) und Österreich (35 Prozent) tragen erhebliche fiskalische Risiken durch die Bankenrettungen. Andere Länder hingegen sind deutlich weniger betroffen: Für Deutschland, Frankreich, Spanien und Japan ergeben sich Werte um 20 Prozent, für Italien und Australien sogar noch deutlich geringere Risiken. Kaum von Rettungsaktionen im Finanzsektor in Mitleidenschaft gezogen sind die Staatshaushalte der großen Schwellenländer. Allenfalls Russland (10 Prozent), Ungarn (9 Prozent) und Indien (7 Prozent) kommen auf nennenswerte Belastungen.

Die Finanzkrise ist primär ein westliches Phänomen, und dort vor allem belastet sie auch direkt die Staatshaushalte mit enormen fiskalischen Risiken. Sollten alle Garantien fällig werden, würde sich die Staatsverschuldung in den USA und in Großbritannien mehr als verdoppeln!

Dazu allerdings addieren sich die Verbindlichkeiten, die die Staaten im Rahmen ihrer massiven Konjunkturprogramme eingehen. Die öffentlichen Ausgaben sind ausgeweitet worden. Programme für einzelne Sektoren wurden aufgelegt, wie zum Beispiel die deutsche Abwrackprämie, die viele Nachahmerländer fand.

Die Sozialausgaben wurden erhöht, entweder weil mehr Leute anspruchsberechtigt wurden oder weil neue Programme beschlossen wurden. Meist beides. Die Steuereinnahmen sind stark zurückgegangen. Unter dem Strich ergeben sich in den Krisenjahren staatliche Haushaltsdefizite in beängstigender Größenordnung. Nach den Berechnungen des IWF sind die USA 2007 mit einem laufenden Haushaltsdefizit von 2,9 Prozent des Bruttoinlandsprodukts (BIP) in die Krise gestartet. In den beiden Folgejahren kam es jeweils zu einer Verdoppelung des Wertes: auf 6,1 Prozent im Jahr 2008 und mehr als 12 Prozent 2009. Für die Jahre danach geht der IWF zwar von einer rückläufigen Defizitquote aus, aber infolge der langanhaltenden Krise soll auch 2014 das Defizit noch bei fast 5 Prozent des BIP liegen.

Auch Großbritannien erlebt eine rapide Verschlechterung seiner Staatsfinanzen: von einem Budgetdefizit von 2,6 Prozent im Jahr 2007 über einen Höchststand von 10,9 Prozent 2010 auf immer noch 6,4 Prozent im Jahr 2014. Besonders schwierig: In bereits zu Beginn der Krise hoch verschuldeten Staaten wie Japan (Schuldenstand 2007: 170 Prozent des BIP) und Italien (117 Prozent) steigen die Defizite rapide und anhaltend. Japan verzeichnete im Jahr 2009 ein Defizit von knapp 10 Prozent, Italien von über 5 Prozent. In beiden Ländern bleiben die Haushaltslöcher auch 2014 groß.

Angesichts derart großer laufender Fehlbeträge erscheint die Entwicklung in Deutschland noch moderat: 2008 hatte die Bundesrepublik einen annähernd ausgeglichenen öffentlichen Haushalt, 2010 soll das Defizit auf 6 Prozent steigen und dann wieder auf 1,4 Prozent im Jahr 2014 absinken. All diese Prognosen sind jedoch mit Vorsicht zu genießen. Es sind Momentaufnahmen, die Unsicherheiten sind beträchtlich, wobei die Risiken nach unten größer sind als die Chancen nach oben, wie die Prognostiker in den internationalen Organisationen immer wieder betonen.

Doch nehmen wir einmal an, diese Schätzungen würden sich als korrekt erweisen. Bis zu welchen Höhen werden unter diesen Bedingungen die Schuldenberge wachsen? Die USA kommen

2014 auf einen Schuldenstand von 107 Prozent des BIP, Japan gar auf 234 Prozent, Italien immer noch auf bedrohliche 129 Prozent. Frankreich, Großbritannien und Deutschland landen bei Werten um 90 Prozent. Im Durchschnitt kommen die westlichen G20-Staaten auf eine Defizitquote von 114 Prozent – seit Beginn der Krise auf dem Geldmarkt 2007 wäre die Staatsverschuldung im Westen um fast die Hälfte gestiegen.

Doch auch dann dürfte die Krise nicht vorbei sein. So rechnen Ökonomen der Deutschen Bank mit weiter steigenden Schuldenständen bis 2020: auf 140 Prozent in den USA und 160 Prozent im Euroraum.

Ein fiskalisches Desaster. Für viele Staaten wird es schwierig werden, sich noch weiter am Finanzmarkt zu verschulden. Möglich, dass es zu einem Käuferstreik bei Staatsanleihen kommt – dass die Bürger keine mehr Lust haben, ihre Ersparnisse in Fässer ohne Böden zu werfen, und stattdessen mehr als bisher Gold horten oder Immobilien kaufen. Gut möglich, dass am Ende die Notenbanken die Staatsfinanzierung übernehmen müssen, weil andere Finanziers gar nicht mehr zur Verfügung stehen.

Denn es kommt noch schlimmer.

Die durch die Finanzkrise anspannten Staatsfinanzen addieren sich zu den Belastungen durch die demografische Wende – jenes Zusammentreffens von Alterung und Schrumpfung der westlichen Gesellschaften –, die die Staatshaushalte ohnehin vor große Herausforderungen stellt. Denn die Staaten haben Zusagen gemacht im Rahmen ihrer Sozialversicherungssysteme, vor allem bezüglich Rentenzahlungen und Krankenversorgung, die für einen immer kleineren arbeitenden Bevölkerungsanteil immer schwerer zu schultern sind. Diese sogenannte verdeckte (implizite) Staatsverschuldung übersteigt die explizite Verschuldung am Kapitalmarkt in vielen westlichen Staaten um ein Vielfaches. Werden diese Zusagen nicht in der Zukunft zurückgenommen oder erhöht der Staat nicht drastisch die Abgaben für die dann arbeitende Bevölkerung, muss er sich zusätzlich am Kapitalmarkt verschulden, um die Ausgaben zu decken – aus der impliziten Verschuldung würde sukzessive eine explizite.

Für kontinentaleuropäische Staaten wie Deutschland und Frankreich liegt die implizite Staatsschuld bei etwa 250 Prozent der Wirtschaftsleistung. Bei unveränderter Politik muss man diesen Wert zu den 100 oder mehr Prozent expliziter Verschuldung hinzuaddieren, mit denen die Staaten nach der Krise belastet sein werden. In Großbritannien und vor allem in den USA liegt die implizite Verschuldung übrigens mehr als doppelt so hoch. So gehört in den USA insbesondere das Krankenprogramm für die Armen (»Medicaid«) zu den Kostentreibern. Diesen steuerfinanzierten Ausgaben stehen keine entsprechenden Einnahmen gegenüber. Auch Social Security, die staatliche US-Rentenversicherung für Arbeitnehmer, trägt zur indirekten Staatsverschuldung bei. Implizite und explizite Staatsverschuldung zusammengenommen, kommen die USA nach der Krise auf einen Wert von fast 700 Prozent der Wirtschaftsleistung – untragbar hohe Belastungen, denen sich die öffentlichen Haushalte in Zukunft auf die eine oder andere Weise werden entledigen müssen.

Europa hat keinen Grund, mit Schadenfreude oder Genugtuung auf die USA zu blicken. Denn zum einen können sich die Volkswirtschaften der alten Welt kaum von den Entwicklungen in den USA abkoppeln, zum anderen sind die hiesigen Probleme in ihrer Größenordnung ebenfalls epochal.

Berechnungen der Europäischen Kommission, denen Bevölkerungsprojektionen bis 2060 zugrunde liegen, kommen zu dem Ergebnis, dass die alterungsbedingten Staatsausgaben für Renten, Gesundheit und Pflege substanziell steigen werden. Allerdings ist der Anstieg höchst ungleichmäßig verteilt. Vor der Krise sah es so aus, als müssten die 15 westlichen EU-Staaten im Jahr 2060 28,3 Prozent ihres Sozialprodukts für die Altenbetreuung aufwenden. Nun fürchten die Brüsseler Ökonomen, dass es infolge der Finanzkrise zu einer ausgedehnten Krise kommt: zu einem »verlorenen Jahrzehnt«, bei dem es bis 2020 dauert, bis die Wirtschaft ihren ursprünglichen Wachstumspfad wieder erreicht hat. Oder gar zu einem »permanenten Schock«, der die Wachstumsraten auf Dauer absenkt. Wohlgemerkt: Auch vor der Krise prognostizierte die Brüsseler Kommission für die EU insgesamt ein demografisch bedingt abflauendes Wachstum – von Werten um 2,5 Prozent Mitte der ersten Dekade des derzeitigen Jahrhunderts auf 1,5 Prozent in den Jahren ab 2030. Nun könnte der Wachstumspfad sogar auf Werte um 1 Prozent absacken. Entsprechend schwerer werden die steigenden Ausgaben für die alternde Bevölkerung zu tragen sein. Entsprechend eher werden einige Länder an die Schwelle zum Staatsbankrott kommen.

Besonders schwierig: Einige Staaten, die bereits heute hohe explizite Schuldenstände haben, werden eine weitere massive Belastung ihrer Staatshaushalte erleben. So werden insbesondere Griechenland und Belgien – unveränderte Politik vorausgesetzt – einen so starken Anstieg der altersbedingten Ausgaben erleben, dass ihre Staatshaushalte quasi manövrierunfähig werden. Griechenland, schon heute mit expliziten Schulden um 100 Prozent des Sozialprodukts belastet, wird dann 38 Prozent seines Sozialprodukts für die Alten aufwenden müssen. Sofern die Krise auf Dauer das Wachstum absenkt, werden es sogar 42 Prozent des BIP sein. Belgien, Schuldenstand heute rund 90 Prozent, müsste dann 35 Prozent des BIP für die Alten ausgeben. Große Lasten kommen auch auf Spanien zu: Der iberische Staat ist zwar nicht sonderlich hoch verschuldet in die Krise gestartet, wird aber umso stärker vom Immobiliencrash in Mitleidenschaft gezogen. Nach dem EU-Kommissionsszenario wären in einigen Jahrzehnten schlimmstenfalls 32 Prozent an alterungsbedingten Ausgaben fällig.

Die Beispiele illustrieren, wie gefährlich die Situation in einigen Ländern zu werden droht. Die in den vergangenen Jahrzehnten verantwortungslos aufgetürmten Schulden addieren sich zu den zusätzlichen Lasten aus der Krise und ungelösten demografischen Problemen. In vielen Staaten würde praktisch der gesamte Staatshaushalt für Rente, Gesundheit und Zinsen ausgegeben. Für alles

Übrige – Infrastruktur, Verteidigung, Kultur, auch für einen Ausbau der Bildung oder die Förderung junger Familien – wäre kein
Geld mehr da. Es ist kaum vorstellbar, dass eine Gesellschaft eine
solche Schieflage der staatlichen Aufgaben zu akzeptieren bereit
ist.

## Auch Staaten können pleite gehen

Als die Finanz- und Weltwirtschaftskrise im Herbst 2008 mit dem
Zusammenbruch der US-Bank Lehman Brothers in ihre heiße
Phase trat, folgte binnen weniger Wochen eine Welle von Beinahe-
staatsbankrotten. Europäische Länder wie Island, Ungarn, Rumänien, Lettland, Weißrussland und die Ukraine mussten vom
Internationalen Währungsfonds mit Milliardenspritzen gerettet
werden. Selbst einige Eurozonenmitglieder gerieten in fiskalische
Schieflage. Die Ratingagenturen nahmen sie unter verschärfte
Kontrolle. Standard & Poor's (S&P) stufte als Folge der Krise die
Bonitätsnoten diverser Länder zurück: Spanien, Griechenland
und Portugal – Länder mit aufgeblasenen Immobiliensektoren
und hohen Leistungsbilanzdefiziten. Irland, die kleine Volkswirtschaft mit dem großen, maroden Bankensektor, wurde von den
S&P-Analysten sogar mehrfach herabgestuft. Das hoch verschul-
dete Italien galt plötzlich als Sollbruchstelle der Währungsunion.
Als vergleichsweise unsichere Schuldner mussten diese Länder für
ihre Staatsanleihen im Winter 2008/09 bis zu 2,5 Prozentpunkte
mehr Zinsen zahlen als Deutschland – drastisch schnellten die Risikoprämien in die Höhe. Und die Unsicherheit an den Märkten
hält an.

Einfache Wege aus der Schuldenfalle gibt es nicht. Höhere Einnahmen zu generieren ist bei andauernd schwachem Wachstum
kaum möglich, weil die Steuersätze in den hoch verschuldeten
Staaten ohnehin schon ausgereizt sind. Die Euro-Problemländer
stecken in einer hochgradig unangenehmen Situation. Im Un-
terschied zu den USA oder zu Großbritannien können sie sich

ihrer Schulden nicht einfach via Inflation und Abwertung entledigen – weil sie über keine eigenen Währungen verfügen. »Eigentlich müssten einige Länder aus dem Euro ausscheiden«, sagt Karsten Junius, Volkswirt bei der Dekabank. Schließlich verlören sie seit Jahren an Wettbewerbsfähigkeit, seien aber nicht imstande gegenzusteuern. Noch erscheint ein Ausstieg aus der Währungsunion unrealistisch. Der politische Schaden wäre kaum absehbar – schließlich ist in den EU-Verträgen ein Ausstiegsmechanismus nicht vorgesehen. Das europäische Einigungsprojekt würde womöglich insgesamt scheitern.

Ein anderer möglicher Ausweg wäre die teilweise Übernahme der Staatsschulden durch finanzstärkere Eurostaaten wie Deutschland und Frankreich. Das ist zwar nach EU-Vertrag eigentlich verboten, aber man könnte diese »No Bail-out«-Regel womöglich unterlaufen. In EU-Regierungskreisen wurde eine Idee erwogen, wonach die Eurostaaten gemeinsame Staatsanleihen auf den Markt werfen sollten; faktisch stünden Deutsche und Franzosen dann für anderer Länder Schulden mit gerade – ein Ansinnen, das die Bundesregierung umgehend zurückwies. Doch diese Position wird sich vermutlich auf Dauer nicht halten lassen, weil die Alternativen noch schrecklicher wären.

Nicht nur kleinere Eurostaaten und schwache Schwellenländer sind ins Gerede gekommen. Selbst die USA, bislang der sichere Hafen für internationale Anleger aus aller Welt, gelten nicht mehr als unantastbar. Es sieht so aus, als sei der Rest der Welt nicht endlos bereit, die Schulden der Amerikaner aufzukaufen. Die Anzeichen mehren sich, dass der chinesische Staat nicht mehr der Finanzier der Vereinigten Staaten sein möchte. Bereits Ende 2008 ließ die Pekinger Führung ihre Bestände an US-Staatsanleihen zurückfahren. Später kauften sie zwar wieder nach. Doch Chinesen und Russen, Iraner und Venezuelaner denken lautstark über Alternativen zum US-Dollar nach. Sie wollen nicht länger die größte Schuldnernation der Welt – die USA – mit dem Kauf von niedrig verzinsten, abwertungsgefährdeten Anleihen subventionieren. Amerikas luxuriöse

Position, sich praktisch unbegrenzt in eigener Währung verschulden und bei Bedarf abwerten zu können, ist angekratzt. Schon warnen die Analysten der – amerikanischen – Ratingagentur S&P: Sollte der US-Dollar »seine derzeitige Rolle als Lieblingswährung der Welt« verlieren, müsse man die Bonität der USA überprüfen. Das hätte potenziell dramatische Folgen: Amerikas Staatsbonds könnten ihr AAA-Rating (die bestmögliche Bonitätsnote) verlieren, die Zinsen würden steigen, die Haushaltslage würde sich weiter zuspitzen.

Sich in *eigener* Währung verschulden zu können, ist ein Privileg, über das die meisten anderen Staaten nicht verfügen. Länder, die in *fremder* Währung im Ausland Kredite aufnehmen, müssen stets in der Lage sein, diese Außenstände zu bedienen und am Ende der Laufzeit zurückzuzahlen. Um das Insolvenzrisiko der Staaten zu analysieren, beziehen Ratingagenturen wie S&P eine Vielzahl von Faktoren in ihre Analyse ein, zum Beispiel:

* *politische Risiken:* Stabilität und Legitimität der politischen Institutionen; Transparenz von und Beteiligung der Öffentlichkeit an politischen Prozessen; öffentliche Sicherheit; außenpolitische Risiken;
* *Wirtschaftsstrukturen:* Wohlstandsniveau und Diversifizierung der Volkswirtschaft; Einkommensverteilung; Entwicklungsgrad des Finanzsektors; Wettbewerbsintensität auf Güter- und Arbeitsmärkten; Effizienz des öffentlichen Sektors;
* *Wachstumsperspektiven:* Vermögen, Ersparnis und Investitionen; tatsächliches Wirtschaftswachstum und Konjunkturmuster;
* *fiskalische Flexibilität:* Staatseinnahmen und -ausgaben, Defizit- beziehungsweise Überschusstrends; Kompatibilität des finanzpolitischen Kurses mit den monetären und externen Rahmenbedingungen; Möglichkeiten, weitere Staatseinnahmen zu erzielen; Effektivität der Staatsausgaben; Zuverlässigkeit in der Finanzkommunikation; Rentenverpflichtungen;

- *gesamtstaatliche Schuldenlasten:* Verschuldung, brutto (aus-
  stehende Anleihen) und netto (abzüglich liquider Vermögenswerte in Staatsbesitz); Zinslasten; Währungszusammensetzung
  der Schulden und deren Fälligkeiten; Tiefe und Breite lokaler
  Kapitalmärkte;
- *externe Liquidität:* Leistungsbilanzsaldo und Wettbewerbsfähigkeit; Struktur der Kapitalströme; Kompatibilität des finanz-
  und währungspolitischen Kurses mit der Struktur der Auslandsschulden.

Um es auf einen simplen Nenner zu bringen: Besonders von
Zahlungsunfähigkeit gefährdet sind kleine Länder mit geringen
nationalen Ersparnissen, die eine hohe Auslandsverschuldung
in Fremdwährung haben und immer weiter an Wettbewerbsfähigkeit verlieren, sodass ihnen Einnahmen in Fremdwährung
fehlen, um diese Verbindlichkeiten zu bedienen. Gerade in Phasen der Unsicherheit auf den Kapitalmärkten, in denen die Investoren Risiken meiden, sind Länder mit solcher Charakteristik
gefährdet. Selbst Volkswirtschaften mit relativ niedrigen Schuldenständen wie die Ukraine schrammen deshalb immer wieder
knapp am Staatsbankrott vorbei. Sie können – oder wollen – dann
die Auslandsschulden nicht weiter bedienen und stellen Zinszahlungen und Tilgung der Schulden ein. So wie Argentinien 2002,
ein Land, das schon im 19. Jahrhundert für seine regelmäßigen
Staatsbankrotte berüchtigt war. Steuererhöhungen, um die laufenden Staatseinnahmen zu verbessern, sind entweder nicht
möglich – weil die Steuern ohnehin schon sehr hoch sind – oder
politisch nicht durchsetzbar. Beides läuft letztlich aufs Gleiche
hinaus: Es gibt nicht genug Einnahmen, um die Schulden zu
begleichen. Nur mit immer weiter steigender Neuverschuldung
können die Ausgaben bedient werden – der Staat steckt in der
Schuldenfalle. Ohne Hilfe von außen, etwa durch den Internationalen Währungsfonds oder durch andere, finanzstärkere Staaten, droht der Bankrott.

Größere Länder mit entwickelten Kapitalmärkten hingegen, die in ihrer eigenen Währung verschuldet sind und hohe nationale Ersparnisse haben, können auch hohe Schuldenlasten schultern. So wie Japan, das nach dem Platzen der dortigen Immobilienblase 1990 eine lange Phase der (milden) Deflation und Stagnation durchgemacht und durch massives *Deficit Spending* seine Staatsfinanzen nachhaltig ruiniert hat. Dennoch: Die Schuldenquote von nahezu 200 Prozent ist für Japan, das über große Auslandsvermögen verfügt und stabile Außenhandelsüberschüsse einfährt, immer noch tragbar. Die Japaner werden nicht müde, die niedrigverzinsten Anleihen ihres eigenen, hoch verschuldeten Staates zu kaufen. Volkswirtschaften mit geringen nationalen Ersparnissen und hoher Auslandsverschuldung, die, wie die USA, in eigener Währung verschuldet sind, können immer noch einen Teil der Schulden durch Inflation tilgen. Die Währung wertet dann typischerweise ab, was einer faktischen Teilenteignung ausländischer Gläubiger gleichkommt. Schlimm genug, aber der Staatsbankrott bleibt aus.

Unter historischem Blickwinkel sind Zahlungskrisen oder gar Insolvenzen von Staaten keineswegs selten. Im 19. Jahrhundert gab es immer wieder Wellen von staatlichen Bankrotterklärungen. In den dreißiger und vierziger Jahren des 20. Jahrhunderts kam es nach Krieg und Depression zu einer großen Zahl von Staatspleiten. Seit dem Zweiten Weltkrieg jedoch herrschte vergleichsweise Ruhe. Hohe Wachstumsraten und zunächst sehr begrenzte internationale Kapitalströme stabilisierten die Staatsfinanzen. In den neunziger Jahren und in der ersten Dekade des 21. Jahrhunderts stiegen zwar die globalen Ungleichgewichte – einige Staaten verzeichneten sehr hohe Leistungsbilanzdefizite –, aber das große internationale Kapitalangebot ermöglichte zunächst die Finanzierung der Defizite. Doch diese Phase relativer Ruhe ist mit Ausbruch der Finanzkrise vorbei. Staatsbankrotte sind wieder zu einer realen Gefahr geworden. Entsprechend attraktiv ist die Schuldentilgung via Inflation für jene, die dazu in der Lage sind.

## Subventionierung der Schulden: der Reiz der Inflation

Viele Ökonomen vertreten die Meinung, Inflation nütze nicht beim Schuldenabbau, weil die Zinsen unmittelbar stiegen, sich somit der Schuldendienst für den Staat verteuere und folglich kein zusätzlicher fiskalischer Spielraum entstehe. Warum also sollte sich ein Finanzminister derart blödsinnig verhalten? Die Schlussfolgerung liegt auf der Hand: Mit höherer Inflation als Folge angespannter Staatsfinanzen sei nicht zu rechnen. Dies ist ein typischer Argumentationsstrang, der auf der üblichen Ökonomenannahme vollständiger Rationalität aller Entscheidungsträger fußt, die an der langfristigen Optimierung des Wohlstands orientiert sind. In der Tat sind niedrige Inflationsraten die beste Geldpolitik und somit das Sinnvollste für Bürger und Wirtschaft. Langfristig ist durch höhere Inflation nichts zu gewinnen. Es ist nur so: Langfristig ist auch durch eine untragbar hohe Verschuldung nichts gewonnen. Und doch gibt es all das in der Realität: Inflation, übermäßige Staatsverschuldung, fiskalische Krisen. Warum? Weil kurzfristig die Rechnung nun mal eine andere ist und sich vorübergehend eben doch zusätzliche Spielräume ergeben. Dass dies keine nachhaltige, keine verantwortungsvolle und insofern keine wirklich vernünftige Politik ist, versteht sich von selbst.

Kurz- bis mittelfristig nützt ein inflationärer Kurs bedrängten Finanzpolitikern sehr wohl. Und zwar aus folgenden Gründen: Typischerweise steigen bei beginnender Inflation zunächst das Wachstum und die Beschäftigung. Dadurch ziehen die Steuereinnahmen an. Auch wenn die Zinsen als Reaktion auf zunehmende Inflationsgefahren steigen, so ist davon nur die Neuverschuldung des Staates betroffen (sowie lang laufende, inflationsindexierte Staatsanleihen mit variablem Zins, bei denen der Fiskus das Inflationsrisiko trägt, die aber auch in jenen Staaten, die sie emittieren, nur einen geringen Teil der ausstehenden Schulden ausmachen). Zugleich wird es aber in der frühen Phase der Inflation für den Staat leichter, seine Schulden zu bedienen: die Staatseinnahmen

steigen schneller als die Ausgaben (weil Renten und andere Sozialleistungen nicht so schnell angepasst werden) – und die Schuldenlast bleibt nominal fixiert. Eine Abwertung der Währung, typische
Folge eines inflationären Kurses, steigert sogar noch die Wettbewerbsfähigkeit und sorgt für zusätzliche Impulse im Export.
Zudem werden ausländische Gläubiger durch eine Abwertung
schlechtergestellt, was bei Teilen des heimischen Wahlvolks gut
ankommen mag.

Sicher, langfristig werden alle positiven Effekte durch steigende
Preise zunichte gemacht. Die positiven Beschäftigungseffekte
gehen zurück; die Konkurrenzfähigkeit gegenüber dem Ausland
vermindert sich wieder. Die Staatsausgaben steigen, weil Rentner
und Sozialhilfeempfänger für den Verlust an Kaufkraft entschä-
digt werden wollen (wenn auch womöglich bestimmte Posten
wie Rentenzahlungen oder Sozialleistungen nie vollständig angepasst werden, sich also eine nachhaltige fiskalische Entlastung
einstellt). Der Schuldendienst verteuert sich, denn die Anleger
sind nur noch bereit, zu deutlich höheren Zinsen Anleihen eines
Staates zu zeichnen, der mit der Inflation spielt. Vermutlich steigen die Zinsen sogar noch stärker als die Inflationsrate, weil das
Vertrauen in die Zuverlässigkeit der Institutionen gelitten hat und
Anleger höhere Risikoprämien verlangen. Vielleicht wird das Land
sogar vollständig vom Kapitalmarkt abgeschnitten; kein privater
Investor ist dann mehr bereit, dem Staat Geld zu leihen. Versuchen
Regierung und Notenbank, die Inflation wieder einzudämmen,
müssen sie durch eine schwierige Phase der Stabilisierung gehen:
Rezession, steigende Arbeitslosigkeit, nochmals größere Belastun-
gen für den Staatshaushalt.

Aber das sind Probleme für später – für die nächste Regierung.
Kurzfristig kalkulierende Politiker interessieren solche langfristigen Auswirkungen kaum.

Genau weil diese kurzfristigen Vorteile eines inflationären Kurses allzu leicht zu einem inflationären Handeln verleiten, sind
nicht Politiker mit dem Management der Währung betraut. In den

vergangenen Jahrzehnten hat sich die Überzeugung durchgesetzt, dass Notenbanken unabhängig sein sollten; per Gesetz sind sie der langfristigen, nichtinflationären Vernunft verpflichtet. Und sonst nichts.

Das Hauptargument derjenigen, die derzeit die Inflationsgefahren leugnen, lautet deshalb: Die Notenbanken sind unabhängig und allein der monetären Stabilität verpflichtet (wie die Europäische Zentralbank) oder doch wenigstens zuvörderst (wie die US-amerikanische Federal Reserve Bank, die Fed). Aber die Finanzkrise hat die Rolle der Notenbanken verändert: Sie sind – wie schon zuvor beschrieben – verstärkt in die Politik involviert und deshalb tendenziell weniger orthodox in ihrem Antiinflationskurs. Die US-Fed und die Bank of England sind im Zuge der Krise ins Geschäft der Staatsfinanzierung eingestiegen: Sie haben Staatsanleihen aufgekauft, und zwar mit frisch gedrucktem Geld. Eine Politik, die in normalen Zeiten inflationär wirkt. Deshalb ist der Europäischen Zentralbank (EZB) diese Strategie durch den Vertrag von Maastricht verboten.

Nicht unbedingt inflationär hingegen wirkt es sich aus, wenn Regierungen sich direkt am Kapitalmarkt verschulden. Denn dadurch steigt die Geldmenge nicht: Der Staat verkauft lediglich neue Anleihen an private Anleger, wodurch er der Wirtschaft Geld entzieht. Im Zuge von Deficit-spending-Programmen werden diese flüssigen Mittel in öffentliche Nachfrage verwandelt. Der direkte inflationäre Effekt defizitfinanzierter Staatsausgaben ist daher begrenzt. Monetarisiert die Notenbank hingegen das laufende Staatsdefizit – kauft sie also direkt Staatsanleihen gegen Geld an –, ergibt sich ein unmittelbar inflationärer Impuls. Durch den direkten Markteingriff kann sie die Zinsen, auch die langfristigen Sätze, künstlich niedrig halten, um das Wachstum zu stimulieren und die Staatsverschuldung durch den Fiskus zu subventionieren.

Doch auch ohne einen direkten Aufkauf von Staatsschulden können Notenbanken einen inflationären Kurs von Regierung und Parlament unterstützen – einfach indem sie die Leitzinsen zu lange zu niedrig halten. Gemäß ihrem Auftrag müsste eine auf ein Inflationsziel ausgerichtete Notenbank wie die EZB gegensteuern, wenn die Regierungen ihre Ausgaben in einer Weise ausweiten, die das Ziel der Preisstabilität gefährdet. Sie müsste die Zinsen anheben – so wie es die Bundesbank Anfang der neunziger Jahre tat, als sie die Leitzinsen rasch und entschlossen in die Höhe trieb, weil sie wegen der stark steigenden Staatsausgaben im Zuge der deutschen Wiedervereinigung die Preisstabilität gefährdet sah. Finanz- und Geldpolitik arbeiteten damals in entgegengesetzte Richtungen – ein Ausweis großer, tatsächlicher Unabhängigkeit der Notenbank.

Aber Zentralbanker müssen nicht so agieren. Sie verfügen über enorme Ermessensspielräume. Sie können die Wirtschaft etwas länger laufen lassen, gerade am Ende einer außergewöhnlich langen und tiefen Rezession, die große brachliegende Kapazitäten hinterlassen hat, weshalb die Inflationsgefahren nicht so gravierend erscheinen mögen. Und sie können von der Politik unter massiven Druck gesetzt werden: Der alte Spruch des ersten EZB-Präsidenten Wim Duisenberg, wonach eine Zentralbank wie Pudding sein müsse – »je mehr man sie schlägt, desto härter wird sie« –, dürfte künftig nur noch eingeschränkt gelten. Die Fed und die Bank of England sind schon infolge der Krise stark im politischen Geschäft engagiert. Und die EZB droht ebenfalls hineingezogen zu werden. Denn Europa steckt in fundamentalen Schwierigkeiten.

### Sollbruchstelle Euro: die ungelösten Probleme der Währungsunion

Nicht nur im globalen Kontext gibt es gefährliche »Ungleichgewichte« (hohe Überschüsse in einigen Ländern, hohe Defizite in anderen), sondern auch innerhalb Europas. Es sind gravierende Probleme, die allerdings bislang kaum Beachtung finden. Die möglichen Folgen? Hohe Inflationsraten, Zerfall des Eurolands, politische und soziale Destabilisierung. Aber eines nach dem anderen.

Seit Beginn der Währungsunion 1999 driften die Eurostaaten ökonomisch auseinander. Während Deutschland, die Niederlande und einige andere Staaten ihre Überschüsse im Außenhandel immer weiter vergrößern, sind Spanien, Griechenland, Portugal und Italien immer weiter ins Minus gerutscht. Die erste Gruppe von Ländern steigert ihre Wettbewerbsfähigkeit kontinuierlich und exportiert, was die Kapazitäten hergeben – die zweite Gruppe verliert immer weiter an Konkurrenzfähigkeit und verschuldet sich immer höher im Ausland. Die Ungleichgewichte haben dramatische Größenordnungen erreicht: Griechenland, Spanien und Portugal haben jahrelang Leistungsbilanzdefizite von mindestens 10 Prozent des BIP verzeichnet. Zum Vergleich: Das US-Defizit erreichte in der Spitze einen Wert von 6 Prozent des BIP. Wie die europäischen Problemstaaten ihre Schulden zurückzahlen wollen, wie sie jemals ihre Wettbewerbsfähigkeit zurückgewinnen können, ist völlig unklar. Entsprechend nervös reagieren die Finanzmärkte. Eben deshalb wird immer wieder die Zahlungsfähigkeit einiger Eurostaaten in Zweifel gezogen. Und die Gefahr ist keineswegs gebannt. Wie konnte es so weit kommen?

Außenwirtschaftliche Defizite derzeitiger Größenordnungen waren früher unbekannt. Möglich wurden sie erst durch die Öffnung der Kapital- und der Gütermärkte in den neunziger Jahren und durch den Übergang zur Währungsunion. Ein deutscher Anleger, der sein Geld in Spanien oder in Italien investiert, muss seither keine Abwertung der Peseta oder der Lira mehr befürchten. Denn das wäre die normale Reaktion: Die Währung einer Volkswirtschaft mit außenwirtschaftlichem Defizit wertet ab, wodurch die Wettbewerbsfähigkeit wiederhergestellt wird. In der Währungsunion ist diese marktmäßige Anpassung versperrt. Die Abwertung der eigenen Währung, die Ländern wie den USA oder Großbritannien bei der Überbrückung von Finanzierungsschwierigkeiten helfen mag, ist Eurostaaten unmöglich. Schließlich haben sie keine eigene Währung mehr, sondern sind Mitglieder eines großen gemeinsamen Währungsraums.

Die Einheitswährung hat viele Vorteile, deshalb wurde der Euro ja geschaffen. Was aber fehlt, ist ein Mechanismus, um das Euroland zurück in die Balance zu bringen. Weil Wechselkursanpassungen nicht mehr möglich sind, sind deutsche Güter nach Berechnungen der EU-Kommission inzwischen um mehr als 10 Prozent unterbewertet, spanische und griechische hingegen sind um mehr als 12 Prozent überbewertet. Warum? Weil die Produktionskosten in den Südländern schneller gestiegen sind als in Deutschland.

Und jetzt? Wie kommt Europa aus diesem Dilemma heraus? Prinzipiell gibt es vier Lösungen.

*Erstens* könnten schwächere Länder aus dem Euro aussteigen, was wiederholt diskutiert wurde. Die Anpassung über eine Abwertung der dann wieder eigenen Währung könnte auf die Schnelle die Wettbewerbsfähigkeit und entsprechend die Zahlungsfähigkeit wiederherstellen. Allerdings wären, wie oben bereits beschrieben, die politischen, ökonomischen und sozialen Folgen unabsehbar, denn ein geordnetes Ausstiegsszenario ist im europäischen Vertragswerk nicht vorgesehen. Es wäre ein wilder und ungeordneter Prozess: Der europäische Binnenmarkt könnte zerbrechen, eine Reihe von kompetitiven Abwertungen der aussteigenden Länder könnte den Konsens offener Märkte und freien Wettbewerbs zerstören. Die europapolitischen Folgen wären noch tiefgreifender: Das gesamte europäische Einigungsprojekt stünde zur Disposition. Ein Rückfall in nationalstaatliche Rivalitäten wäre möglich. Der Ausstieg aus dem Euro erscheint daher als so unkalkulierbar und so risikoreich, dass dies keine realistische Option ist.

Die *zweite Möglichkeit* ist eine fiskalische Lösung: hohe staatliche Transfers an Spanien und Co. aus Überschussländern wie Deutschland. Jeder moderne Währungsraum hat solche Ausgleichsmechanismen – durch gemeinsame Steuersysteme und durch gemeinsame Transfersysteme. Verliert beispielsweise eine Region innerhalb Deutschlands nachhaltig an Wettbewerbsfähigkeit und Beschäftigung, lenken die gesamtstaatlichen Transfersysteme automatisch Arbeitslosengeld und Sozialhilfemittel dorthin, finanziert vornehmlich aus Steuereinnahmen wirtschaftlich stärkerer Regionen. Auf Eurolandebene gibt es nichts Vergleichbares. Es gibt weder ein gemeinsames Steuer- noch ein gemeinsames Sozialsystem. Es gilt das Prinzip begrenzter Solidarität – mit dem Ziel, fiskalisch rücksichtsloses Verhalten gegenüber den Europartnern zu unterbinden. Wäre es angesichts der sich zuspitzenden Probleme möglich, die gesamteuropäischen Umlagesysteme zu stärken? Natürlich. Aber ist es wahrscheinlich? Kaum. Die öffentlichen Kassen sind überall leer, auch in fiskalisch noch relativ starken Ländern wie Deutschland und Frankreich. Dass die Politik und die Bürger dort dazu bereit wären, einen Teil der nationalen Budgets in die Partnerländer umzuleiten, ist schlicht utopisch.

Die *dritte Option* ist die Steigerung der Wettbewerbsfähigkeit durch eine reale Abwertung. Auch ohne das Instrument der Wechselkursanpassung ist eine Abwertung möglich: durch eine relative Absenkung der Preise und der Kosten. Durch höhere Wettbewerbsfähigkeit können schwache Länder Exportüberschüsse erwirtschaften, die die Tilgung der aufgelaufenen Verbindlichkeiten gegenüber anderen Staaten ermöglichen. Jedoch: Jahrelange Lohnzurückhaltung, wie sie Deutschland in der ersten Dekade des 21. Jahrhunderts praktiziert hat, ist eine harte Form der Sanierung, die allenfalls langfristig wirkt. Lohnkürzungen um zweistellige Prozentwerte, wie sie Lettland 2009 im öffentlichen Dienst vornahm, sind in anderen Ländern, gerade in größeren, kaum vorstellbar. Mit massiven sozialen Unruhen, Instabilität und Streiks im öffentlichen Dienst wäre zu rechnen. Hinzu kommt: Für die schwächeren Volkswirtschaften ist es schwierig, eine reale Abwertung gegenüber stabilitätsorientierten Ländern mit niedrigen Inflationsraten hinzubekommen. So lag in Spanien und Griechenland die Preissteigerung seit Bestehen der Währungsunion ständig über den Raten in Kernländern wie Deutschland, Frankreich und Benelux, nämlich um 1 bis 2 Prozentpunkte: Während im Kern die Inflationsraten meist unter 2 Prozentpunkte betrugen, lagen sie in

Spanien und Griechenland meist zwischen 3 und 4 Prozent. Für sie ist es unter diesen Bedingungen quasi unmöglich, eine reale Abwertung gegenüber den übrigen Eurostaaten zu erreichen.

Bleibt *Option vier*: höhere Inflationsraten im gesamten Euroraum. Dies ist die Option, die den geringsten politischen Gegendruck verursachen dürfte. Denn das ist ja die Herausforderung für die Defizitländer: Preise, Löhne und sonstige Kosten dort müssen künftig langsamer steigen als in Deutschland oder in den Niederlanden. Nur so können sie allmählich wieder wettbewerbsfähig werden. Doch bei maximal 2 Prozent Inflation im Durchschnitt aller Eurostaaten, bislang das Ziel der Europäischen Zentralbank, ist eine Gesundung durch Lohn- und Preiszurückhaltung kaum möglich. Bei 5 oder 10 Prozent Inflation hingegen fiele es ihnen viel leichter, die Ungleichgewichte abzubauen. Natürlich werden Deutsche, Niederländer und andere über derlei Ansinnen nicht amüsiert sein. Aber ich fürchte, ihr Widerstand wird sich – angesichts der allzu grimmen Alternativen (höhere Transferzahlungen an die Europartner, Auseinanderbrechen Europas) – in Grenzen halten.

Die große Frage lautet: Werden die EZB-Gouverneure diesem Kurs folgen? Werden sie ihre eigenen Grundsätze über Bord werfen?

Schauen wir uns die Zusammensetzung des EZB-Rates und seine Abstimmungsregeln etwas genauer an. Der Rat der Europäischen Zentralbank besteht aus den sechs Mitgliedern des EZB-Direktoriums, nämlich dem Präsidenten, dem Vizepräsidenten sowie vier weiteren Mitgliedern. Sie leiten die zentralen Abteilungen der EZB in Frankfurt und haben in den ersten Jahren der Währungsunion stets versucht, mit einer gemeinsamen Position und einer gemeinsamen Sichtweise in die monatlichen geldpolitischen Sitzungen des EZB-Rates zu gehen. Dazu kommen die Präsidenten der nationalen Notenbanken der derzeit 16 Euromitgliedstaaten, der Banque de France, der Deutschen Bundesbank und so weiter. Im Gegensatz zum Board of Governors der US-Fed ist der

EZB-Rat hochgradig dezentral besetzt. Entschieden wird mit Mehrheit, jedes Ratsmitglied hat eine Stimme: Die Chefs der kleinen Eurostaaten Luxemburg, Zypern oder Slowenien haben formal das gleiche Gewicht wie die Vorleute der deutschen oder der französischen Notenbank, obwohl die großen Volkswirtschafen viel mehr zum gemeinsamen Eurosozialprodukt beitragen. Dahinter steht die Idee, dass die EZB-Gouverneure nicht zuvörderst ihre Mitgliedstaaten repräsentieren, sondern in ihrer Eigenschaft als unabhängige Währungsfachleute entscheiden. Gemeinsam sollen sie für das gemeinsame Wohl des gesamten Euroraums sorgen.

Aber bereits zu Beginn der Währungsunion haben viele Beobachter bezweifelt, ob die Präsidenten der nationalen Notenbanken im EZB-Rat tatsächlich im Gesamtinteresse der Eurozone agierten. Blieben sie ihren nationalen Interessen verhaftet, würde dies Verzerrungen in die Geldpolitik hineintragen. Bemerkenswerterweise war von solch nationalen Egoismen in der Anfangsphase der Währungsunion wenig zu sehen. Dass dies keineswegs Bestand haben muss, liegt auf der Hand. Denn in einer Währungsunion, in der sich zunehmend unüberbrückbare Spannungen auftun, ist die Abkopplung von nationalen Interessen der Mitgliedstaaten infrage gestellt. Zumal wenn Länder mit fiskalischen Problemen in der Mehrheit sind und deren Regierungen mit drastischen Maßnahmen drohen – mit Staatsbankrott oder einem Ausstieg aus dem Euroraum. Fiskalische Konflikte werden dann mutmaßlich direkt in den EZB-Rat hineingetragen: Sie bestimmen die geldpolitische Agenda mit. Der Druck, die Zinsen niedrig zu halten, auch um den Preis höherer Inflationsraten, wird steigen. Denn das Grundproblem der Eurozone bleibt bestehen: Nationale Entwicklungen werden von nationalen Öffentlichkeiten national gefärbt wahrgenommen. Denn eine gesamteuropäische Öffentlichkeit gibt es bislang nicht.

Die Tendenz des Auseinanderdriftens der nationalen geldpolitischen Interessen innerhalb des Euroraums wird sich in den kommenden Jahren verstärken, denn weitere Länder streben einen Beitritt zum Eurogebiet an, zum Beispiel Island sowie osteuropäische Staaten wie Polen und Tschechien. Eine Euromitgliedschaft sehen sie als Versicherung gegen das plötzliche Austrocknen der Kapitalmärkte. Der Schock der Finanzkrise, als einige Länder im Zuge abrupt vom Kapitalmarkt abgekoppelt zu werden drohten, sitzt tief. Eine Wiederholung dieser dramatischen Ereignisse möchten sie verständlicherweise verhindern. Leicht ist eine Situation vorstellbar, in der die Notenbankpräsidenten aus Defizitländern im EZB-Rat in der Mehrheit sind. Eine übermäßig expansive Geldpolitik mag ihnen als Instrument der letzten Zuflucht erscheinen. Die Folgen: das Ende des bisherigen Stabilitätskonsenses und deutlich höhere Inflationsraten.

Andere Staaten haben nachträglich für eine stärkere Zentralisierung der föderalen Notenbank gesorgt. Die Bundesrepublik hielt es nach dem Beitritt der ostdeutschen Bundesländer für erforderlich, die Zahl der Landeszentralbanken zu vermindern, um eine zu starke Diffusion der Macht innerhalb der Bundesbank zu verhindern. Nach dem Versagen der Federal Reserve Bank nach 1929 haben die USA das Federal Reserve System deutlich zentralisiert; die Stimmrechte der regionalen Feds rotieren nach einem vorgegebenen System.

Nun hat auch die EZB ein ähnliches System beschlossen: Mit dem Beitritt des 19. Staates zur Eurozone wird auch die EZB zu einem Rotationssystem übergehen. Künftig wird es vier Gruppen von EZB-Ratsmitgliedern geben: Die nationalen Notenbankpräsidenten werden nach Größe der Volkswirtschaften in drei Gruppen aufgeteilt. Sollten irgendwann 27 Staaten Eurozonenmitglieder sein, verteilen sich 21 Stimmen wie folgt: In der ersten Gruppe rotieren fünf Gouverneure größerer Eurostaaten um vier stimmberechtigte Plätze. Eine zweite Gruppe besteht aus acht Gouverneuren, die sich drei rotierende Stimmen teilen. Die dritte Gruppe besteht aus 14 nationalen Präsidenten, die sich acht Stimmen teilen. Die Stimmenrotation findet monatlich statt. Die Repräsentanten der EZB-Zentrale, das sechsköpfige Frankfurter Direktorium,

sind bei jeder Sitzung wahlberechtigt. Die Reform stärkt somit
die Zentrale, die künftig sechs gegen 15 nationale Stimmen in die
Waagschale werfen kann, statt sechs gegen 27, wie es irgendwann
ohne Reform bei einer Euromitgliedschaft aller derzeitigen EU-
Länder der Fall gewesen wäre.

Eine Gewähr gegen den Einfall fiskalischer Interessen in die
Geldpolitik bietet diese Reform indes nicht. Auch Notenbanken-
gouverneure und EZB-Direktoriumsmitglieder werden von der
Politik berufen. Wenn sich der stabilitätspolitische Konsens ändert – und das wird er durch die heraufziehende Schuldkrise fast
zwangsläufig –, dann werden die Regierungen ihnen genehme
Gouverneure berufen. Auf Dauer kann sich auch eine unabhängige Notenbank veränderten wirtschaftlichen und gesellschaftlichen Bedingungen nicht entziehen.

## Kapitel 4

# Internationales Währungschaos

## Wie ein untaugliches globales Geldsystem die Inflation in alle Welt exportiert

Das Treffen kam für den Westen völlig überraschend. Es gab keine Vorwarnungen, keine vorherige Abstimmung der Tagesordnung oder des Communiqués, keinen Austausch diplomatischer Achtungsbezeichnungen, wie es sonst bei internationalen Gipfeln üblich ist. Nichts. Am 16. Juni 2009 trafen sich erstmals die Staats- und Regierungschefs der sogenannten BRIC-Staaten (Brasilien, Russland, Indien und China) in der russischen Ural-Metropole Jekaterinburg zu einem eigenen Gipfel – ohne Beteiligung des Westens. Es war eine Art Gegen-G7. Nicht mehr die führenden sieben westlichen Nationen, die sich seit den siebziger Jahren regelmäßig über ihre Politiken abstimmten, saßen zusammen über globale Fragen, sondern eine neue Gruppe von Megaschwellenländern traf sich separat – und für den Westen unerwartet: Die Regierungen in Nordamerika und Westeuropa erfuhren von dem Treffen erst über die Nachrichtenagenturen. Während sich die G7 – beziehungsweise G8, seit Russland an den Gipfeltreffen teilnimmt – in einem umfangreichen und aufwändigen Konsultationsprozess zuvor mit anderen Staaten und Organisationen abstimmen, um das Vertrauen des Rests der Welt zu gewinnen, geschah vor dem ersten BRIC-Gipfel nichts dergleichen.

Wichtigster Tagesordnungspunkt der Zusammenkunft in Jekaterinburg: die Abschaffung des US-Dollar als Weltwährung. So weit kam es zwar nicht. Aber die Botschaft war klar: Die geopolitische

Machtverschiebung, seit langem in Umrissen erkennbar, nimmt konkrete Formen an. Fundamental geschwächt, müssen die USA und die EU mit ansehen, wie die neuen Großmächte auf eigene Faust Politik machen. Und einer der wichtigsten Schauplätze dieses historischen Umbruchs ist das globale Geldgefüge: Die immer noch dominante Rolle westlicher Währungen, insbesondere des US-Dollar, wird nicht zu halten sein.

In der Tat hat sich das bisherige internationale Währungssystem überlebt, weil es die Instabilität des Westens, die in der Finanzkrise deutlich wurde und die in Inflations- und Staatsschuldenkrisen ihre Fortsetzung zu finden droht, in den Rest der Welt exportiert. Die Welt braucht dringend ein neues System, das zugleich flexibler und stabiler ist als das bisherige. Es geht darum, künftig jene Fehler zu vermeiden, die in die Finanzkrise geführt haben. Es geht darum, den großen Inflationsschock zu verhindern, der nun als Folge der Krise droht. Leider steht ein neues System nicht zur Verfügung. Es gibt viele Überlegungen, viele Ansätze, aber keine Blaupause, keine Pläne, die man einfach mal eben aus der Schublade ziehen könnte. Zu unterschiedlich sind die Interessen.

Die Lage erinnert an die siebziger Jahre, als das Bretton-Woods-System auseinanderbrach; der US-Dollar war an den Wert des Goldes gebunden, die übrigen Währungen an den US-Dollar. In diesem System waren die Notenbanken der übrigen westlichen Staaten außerhalb der USA vornehmlich damit beschäftigt gewesen, den Wechselkurs gegenüber dem US-Dollar konstant zu halten. Sie hatten keine eigene Geldpolitik betrieben, die ihren nationalen Prioritäten gefolgt wäre. Als dann die Bindung an den US-Dollar gefallen war, waren viele Notenbanken heillos überfordert. Die neue monetäre Freiheit mündete in lang anhaltenden finanziellen Turbulenzen. Inflation und unerwartete Wechselkursschwankungen lösten die vorherige Phase der Stabilität ab.

Die Ausgangssituation heute ist ähnlich.

## Manipulation im großen Stil: Bretton Woods II

Wie in den siebziger Jahren, so betreibt auch heute die Mehrzahl
der Staaten der Welt keine selbstständige Geldpolitik. Sie haben
sich mehr oder weniger eng an eine westliche Währung gebunden, die meisten an den US-Dollar; der Euro spielt bislang als Ankerwährung nur eine untergeordnete Rolle. Insbesondere folgen
große Teile Asiens, inklusive der neuen Wirtschaftssupermacht
China, dem US-Dollar. Oberste Priorität der dortigen Währungsbehörden ist es bislang, den Wechselkurs ihrer Währungen gegenüber ihrem monetären Anker konstant zu halten. »Bretton Woods
II« haben Ökonomen dieses Arrangement genannt; ich schreibe
bewusst »Arrangement«, denn von »System« zu sprechen, würde
der Sache nicht gerecht. Bretton Woods II ist ein informelles Re-
gime, das sich ungeplant und unkoordiniert herausgebildet hat.
Es gibt keine Regeln und keine Institutionen, die sein Funktioni-
ren sicherten. Das Arrangement resultiert aus nationalstaatlichen
Einzelentscheidungen. Bei Bretton Woods I, dem 1944 geschaffe-
nen Original, gab es Regeln, zuvor festgelegte abgestufte Maßnahmen im Falle nachhaltiger Ungleichgewichte und den Internationalen Währungsfonds als zentrale überstaatliche Behörde, die das
Funktionieren des Systems sicherstellen sollte. Bei Bretton Woods
II gibt es nichts dergleichen.

Der Mangel an Ordnung war solange kein Problem, wie die beteiligten Volkswirtschaften klein waren. Aber das sind sie nicht
mehr. Insbesondere China ist heute groß und wichtig. Was in Peking entschieden wird, verändert den Lauf der Welt. Entsprechend
folgenreich ist es, wenn China und andere Länder massiv die internationalen Preisrelationen manipulieren. Mehr als die Hälfte
des Welthandels wird inzwischen von Ländern betrieben, die in
der einen oder anderen Weise ihre Wechselkurse politisch beeinflussen. Ohne die Kapitalzuflüsse von China und anderen Staaten hätte sich in den USA nie eine Kredit- und Immobilienblase
solcher Größe aufpumpen können. Ohne diese Zuflüsse wäre

entsprechend auch der folgende Absturz nicht so heftig ausgefallen. Dass die Lage derart kritisch werden konnte – Subprimekrise, Finanzkrise, Weltwirtschaftskrise und dann: Schuldenkrise, Inflationskrise –, daran trägt die globale Wechselkursmanipulation erhebliche Mitschuld.

Die Zukunft der Weltwährungsordnung ist deshalb kein kleines Problem, keine Detailfrage allein für Spezialisten – sie berührt den Kern des weltweiten Wirtschaftsgeschehens. Es geht um nichts weniger als um die Zukunft der Globalisierung.

Auch die großen Schwellenländer, die ihre Währungen an den US-Dollar gebunden haben, sind Teil des globalen Inflationskartells. Bereits Mitte der 2000er Jahre haben sie einen massiven Inflationsschub in Kauf genommen, um das globale Wachstum auf Rekordtempo zu hieven. Spätestens ab 2006 war deutlich, dass die Verbraucherpreise in vielen Ländern massiv anzogen, von Asset-Preisblasen aller Art ganz zu schweigen. Dennoch waren die betroffenen Regierungen nicht bereit, ihre Währungen aufwerten zu lassen und einen strikteren geldpolitischen Kurs einzuschlagen. Das wäre immerhin möglich gewesen, auch ohne die Bindung an den Dollar aufzugeben – einfach durch eine simple Neufestsetzung des Zielkurses. Doch sie spekulierten lieber weiter auf ein exportgetriebenes Wachstum, auch wenn sie damit zur Überhitzung der Weltwirtschaft beitrugen.

Der Dollar ist seit Jahren eine Weltwährung von Chinas, Arabiens und Russlands Gnaden. Staatsgelder dieser Länder gehören zu den wichtigsten Finanzierungsquellen der US-Defizite. 40 Prozent der Nettokapitalzuflüsse nach Amerika haben sie in den 2000er Jahren ausgemacht, hat die OECD vorgerechnet. Ein Signal auch an private Investoren, weiter in den USA zu investieren. Der Befund ist eindeutig: In einer wirklichen globalen Marktwirtschaft ohne manipulierte Währungen wäre der Dollar viel früher viel schwächer geworden.

Nun aber hat eine gewisse Panik die Währungsspezialisten in den Schwellenländern befallen. Sie wollen weg von der monetären

Bindung an die USA. Aber so einfach ist die Sache nicht. Deshalb endete der BRIC-Gipfel auch als bloßes Signal – nicht mit einem konkreten Plan. Denn die Regierungen haben ihre eigenen Probleme: Noch sind viele von ihnen weit davon entfernt, ihre Geldverhältnisse in die eigenen Hände nehmen zu können. Weiter unten beschäftigen wir uns näher damit.

Wenden wir uns zunächst einer ganz grundsätzlichen Frage zu: Wie sähe das ideale Weltwährungssystem aus? Ungefähr so: Jede große Volkswirtschaft hätte ihr eigenes Geld und würde es in einer ihrer heimischen Wirtschaft angemessenen Weise managen – in einer Mischung aus Inflationssteuerung und Makro-Finanzmarktstabilisierung. Die Wechselkurse, also die Austauschverhältnisse zwischen den Währungen, würden sich frei auf den Märkten bilden. Volkswirtschaften mit Außenhandelsüberschüssen würden eine große Nachfrage nach ihrer Währung erleben, sodass es zu einer Aufwertung käme. Die Aufwertung würde einer Überhitzung der jeweiligen Volkswirtschaft vorbeugen, weil deren Exporte sich auf dem Weltmarkt verteuerten und so die Nachfrage danach gedämpft würde. Andere Länder, solche mit Außenhandelsdefiziten nämlich, würden abwerten und an Wettbewerbsfähigkeit gewinnen. Anhaltende und immer weiter wachsende Überschüsse und Defizite, wie sie seit der Jahrtausendwende aufgetreten sind, würden durch den Mechanismus des Devisenmarktes unterbunden. Der Wechselkurs ist ein hocheffektives Mittel, um globale Ungleichgewichte zu verhindern. Und flexible Kurse bieten einen gewissen Schutz vor importierter Inflation, denn Länder mit niedrigeren Inflationsraten werden gegenüber solchen mit höherer Preissteigerung aufwerten und können sich so teilweise vor höheren Inflationsraten abschirmen.

Trotz dieser Vorteile freier Devisenmärkte überlässt nur eine kleine Minderheit von Ländern die Bildung der Wechselkurse dem Marktmechanismus. Dazu gehören die wichtigsten Währungen der am weitesten entwickelten Länder – USA, die Eurozone, Großbritannien, Schweiz, Schweden oder Norwegen, formal auch

Japan, das aber jahrelang massiv am Devisenmarkt intervenierte, um seine Währung zu drücken – sowie auch relativ hoch entwickelte demokratische Schwellenländer wie Brasilien, die Türkei oder Polen. Nur bei diesen Währungen können sich Kurse regelmäßig an neue ökonomische Konstellationen anpassen.

Hingegen setzt die große Mehrheit der Länder der Erde entweder administrativ die Kurse fest (unter anderem China, die Golfstaaten, Iran), indem sie einem festen Wechselkursziel (*peg*) beziehungsweise einem vorab festgelegten Pfad der Wechselkursänderungen (*crawling peg*) folgen. Oder sie beeinflussen die Devisenkurse regelmäßig und erheblich (neben anderen Indien, Russland), indem sie ihre Wechselkurse aktiv managen (*dirty floating*). All diese Länder – auf die, wie erwähnt, mehr als die Hälfte des globalen Handels entfällt – manipulieren ihre Wechselkurse.

Früher war die Devisenkursmanipulation eine Randerscheinung. Heute aber ist sie ein prägendes Element der Weltwirtschaft: China, die Golfstaaten und Russland sind inzwischen so bedeutend, dass ihre unterbewerteten Währungen das globale Preisgefüge durcheinandergebracht haben. Güter- und Kapitalströme sind massiv verzerrt. Mit gravierenden Folgen. Unterbewertete Wechselkurse in den Schwellenländern haben die Importe für die reichen Länder über die Maßen verbilligt (um noch mehr, als es die hohen Produktivitätszuwächse in Ländern wie China ohnehin ermöglicht hätten). So kommt es zu einer Art zurückgestauter – oder verdeckter – Inflation (siehe Kapitel 1): Die Konsumentenpreise stiegen über lange Zeit kaum. Die Zinsen blieben niedrig. Die Notenbanken in den reichen und den ärmeren Ländern ließen den Fuß auf dem Gas. Überschüssige Liquidität floss in Anlageformen aller Art, auch in Immobilien in den Defizitländern des Westens. Am Ende kam sogar einiges von der Geldflut bei amerikanischen Geringverdienern an, die sich nun zu (angeblich) günstigen »Subprime«-Konditionen ein Eigenheim leisten konnten. Sicher, noch andere Faktoren hatten auf diese Entwicklung Einfluss – das Gebaren von Banken, Ratingagenturen, Aufsichtsbehörden, Gesetzgebern. Aber die ganze Wucht des Boom-Crash-Musters wurde erst durch die globale Währungsmanipulation möglich.

Das übermäßig starke, exportgetriebene Wachstum hat in den vergangenen Jahren die Preise steigen lassen. China, das vor einigen Jahren noch Deflation aufwies, hatte zwischenzeitlich eine Inflationsrate von 9 Prozent. Anderswo, zumal bei den Rohstoffexporteuren, waren die Preissteigerungen zeitweise zweistellig. Eigentlich müssten solche Entwicklungen Anlass für die dortige Geld- und die Währungspolitik sein, den hochschießenden Preisen Einhalt zu gebieten. Und zwar besser früher als später. Jedoch mitnichten. Die asiatischen Schwellenländer, voran China, versuchten den Preisauftrieb lediglich mit administrativen Maßnahmen – Preis- und Investitionskontrollen, Lohnerhöhungen, um Unruhen bei den Inflationsverlierern zu ersticken – einzudämmen. Die eigentliche Ursache aber, die zu expansive Geldpolitik infolge der Bindung an den US-Dollar, wurde nicht beseitigt. Zwar sind im Zuge der Weltwirtschaftskrise die Inflationsraten zurückgegangen – einige asiatische Länder wiesen 2009 sogar sinkende Preisniveaus auf –, aber bei unveränderter Politik wird es nicht lange dauern, bis sich der nächste Preisschub einstellt.

Unterbewertete Währungen zu haben bedeutet, auf Kaufkraft zu verzichten. Die *Terms of Trade* der Überschussländer sinken – sie verkaufen sich auf dem Weltmarkt zu billig. Sie verschleudern die Arbeitskraft ihrer Bevölkerungen. Und letztlich entstehen bei ihnen gigantische, überbewertete Dollar-Währungsreserven, die sie durch ihre fortlaufenden Interventionen am Devisenmarkt immer weiter aufstocken, die sie aber irgendwann auf realistischere Kurse abwerten müssen. So entsteht ein immer größerer Abschreibungsbedarf – verbunden mit der Vernichtung von Volksvermögen. Je länger sie an den bisherigen Kursen festhalten, desto größer wird diese Vermögensvernichtung ausfallen.

Die drei genannten Faktoren – Inflation, *Terms of Trade*, Wertberichtigungen – sprechen dafür, dass Bretton Woods II, das Arrangement, das den globalen Boom der vergangenen Jahre mitbefeuert und den Crash mitverursacht hat, dringend abgeschafft gehört.

Eben deshalb bemühen sich die BRIC-Staaten ja auch um eine Reform des Weltwährungssystems. Tatsächlich spielen die großen Schwellenländer die entscheidende Rolle in diesem Szenario, voran die neue Megavolkswirtschaft China und Rohstoffexporteure wie Russland und die arabischen Golfstaaten. Sie hätten eigentlich frühzeitig einen restriktiven Kurs steuern müssen: Die Zinsen hätten steigen, die Währungen hätten stark aufwerten müssen. Eine eigene stabilitätsbewusste Geldpolitik wäre schon frühzeitig notwendig gewesen. Damit würden sie nebenbei auch die globale Inflationsdynamik bremsen.

Warum tun sie es nicht? Weil sie es nicht können.

## Der Zusammenhang zwischen Unfreiheit und Inflation

Um einen eigenständigen geldpolitischen Kurs steuern zu können, brauchen Länder unabhängige Zentralbanken. Institutionen, die geschützt sind vor den kurzfristigen Interessen der Politik; die unpopuläre Entscheidungen treffen können, ohne die sich die Inflation nun mal nicht eindämmen lässt. Dies ist eine der Lehren aus der Ära der »Großen Inflation«: Zentralbanken müssen unabhängig und glaubwürdig sein, um dauerhaft wertstabiles Geld produzieren zu können. Die Notenbanken bilden ein demokratisch legitimiertes, Parlament und Öffentlichkeit gegenüber rechenschaftspflichtiges Gegengewicht zum kurzfristigeren Kalkül gewählter Politiker.

Genau das ist die Krux: Glaubwürdig eigenständige Notenbanken kann es nur in funktionierenden Demokratien geben, und auch dort ist die Bewahrung der Unabhängigkeit schwierig genug. Viele Schwellenländer aber werden autoritär regiert. Behördliche Willkür ist an der Tagesordnung. Natürlich könnten sie ihre Notenbanken für unabhängig erklären. Nur vertrauen würde darauf niemand. Mit einem Federstrich, einem Dekret, einem Anruf kann die autoritäre Staatsführung der Währungsbehörde Weisungen erteilen, und sie muss sich dafür anschließend vor niemandem rechtfertigen. Also verfallen die autoritären Herrscher auf einen Trick: Sie borgen sich Glaubwürdigkeit bei den Währungen der großen demokratischen Volkswirtschaften – beim Dollar und, bislang selten, beim Euro. Indem sie den Wert ihres nationalen Geldes an eine Weltwährung koppeln, versuchen sie, Vertrauen zu importieren.

Eine globale Tendenz ist erkennbar: Je weniger Legitimität die Institutionen eines Staates genießen, desto größer die Wahrscheinlichkeit, dass die nationale Währung an eine fremde Ankerwährung gebunden ist. Deshalb haben sich China, Vietnam und die meisten Ölexporteure mit festen oder gleitenden Wechselkursen an den Dollar gebunden, deshalb manipulieren Russland und andere ehemalige sowjetische Staaten ständig die Devisenmärkte. Nur in der Gruppe der Länder mit freien Wechselkursen und eigenständiger Geldpolitik sind die Demokratien in der Mehrheit.

Die verbreitete Unselbstständigkeit der Notenbanken schürt die Inflation. Statt die Zinsen anzuheben, folgen sie dem Niedrigzinskurs der amerikanischen Fed. In China, Russland und am Persischen Golf sind die Zinsen über Jahre real (nach Abzug der Inflation) negativ gewesen, was die Überhitzung noch angefacht hat. Aus dieser Situation gibt es keinen schnellen Ausweg. Schon in den achtziger Jahren fiel es westlichen Ländern schwer, ihre Notenbanken in die Unabhängigkeit zu entlassen und ihre Währungen zu stabilisieren. Und das waren etablierte Demokratien.

## Globale Ungleichgewichte, Überschussreserven – und die Risiken

Die Folge dieser währungspolitischen Abhängigkeiten ist das Phänomen der globalen Ungleichgewichte. Weil einige Währungen unterbewertet gehalten werden und andere überbewertet, ist in der ersten Dekade des 21. Jahrhunderts das Geld in breiten Strömen gewissermaßen bergauf geflossen – von den ärmeren Schwellenländern in einige reiche westliche Staaten, vor allem in die USA. Dieses Muster ist das Gegenteil dessen, was die übliche Lehrbuchökonomik in einer solchen Situation vorhersagen würde: Eigentlich sollten in reichen Volkswirtschaften, wo bereits viel investiert wurde, überschüssige Ersparnisse angesammelt werden, die in weniger entwickelte Volkswirtschaften fließen, um dort Investitionen zu finanzieren, sodass der Entwicklungsrückstand allmählich aufgeholt wird.

Doch die Mechanik der Weltwirtschaft hat sich in weiten Teilen genau umgekehrt: Ärmere Länder, voran China, produzierten Überschussersparnisse, die wiederum reiche Länder, voran die USA, zu übermäßigem Konsum verleiteten. Zur Mitte der 2000er Jahre borgten sich die Amerikaner jährlich annähernd eine Billion Dollar im Ausland – zwei Drittel des weltweiten Nettokapitalangebots wurden von den USA aufgesaugt. Eine höchst ungesunde, ja widersinnige und letztlich unmoralische Entwicklung. Und doch taten die US-Administrationen lange Zeit praktisch nichts, um diese Abhängigkeit von Kapitalimporten zurückzudrängen und auf einen langfristig tragfähigen Wachstumspfad einzuschwenken. Warum auch? Schließlich waren sie in der höchst komfortablen Situation, ihren Bürgern einen rapide steigenden Wohlstand zu ermöglichen, auch wenn dies eine kreditfinanzierte Illusion war. Klar, wer den Leuten erzählt, sie müssten den Gürtel enger schnallen, der wird keine Wahlen gewinnen. Die Botschaft ist unpopulär, gerade in den USA. Viel unpopulärer auf jeden Fall als die Aussicht auf eine unendliche Konsumorgie.

Die intellektuellen Cheerleader dieses unsoliden Booms ließen nicht lange auf sich warten. Ökonomen und Notenbanker beeilten sich, die passenden Erklärungen und Rechtfertigungen zu liefern: nämlich dass a) die US-Defizite ein Zeichen von wirtschaftlicher Stärke seien (die glänzenden Zukunftsaussichten der Vereinigten Staaten würden angeblich für höhere Kapitalrenditen sorgen, sodass Anlagen in den USA überaus sinnvoll und zum gegenseitigen Vorteil seien), dass es b) einen globalen Ersparnisüberschuss gebe, einen »savings glut«, wie es der spätere Fed-Chef Ben Bernanke formulierte (den USA bleibe eigentlich gar nichts anderes übrig, als die übermäßige globale Ersparnis in Konsumnachfrage zu verwandeln und so die Weltkonjunktur am Laufen zu halten), dass c) kein Kapitalmarkt so groß, so breit, so tief, so liquide sei wie der US-amerikanische (sodass den Überschussländern eigentlich gar nichts anderes übrig bleibe, als ihre Überschüsse in die USA zu tragen) oder gar dass d) auf einem globalen Kapitalmarkt die Begriffe »Überschuss« und »Defizit« irrelevant seien (was jeder, der nur die geringste Ahnung von der Materie habe, wisse, und dass all jene, die immer noch von »Ungleichgewichten« redeten, die moderne Weltwirtschaft nicht verstanden hätten). Wie so häufig gingen Opportunismus, Patriotismus und ideologische Verblendung eine fatale Verbindung ein.

Tatsächlich gehört schon ein gehöriges Maß an Verblendung dazu, anhaltende Ungleichgewichte in solchen Größenordnungen für irgendwie effizient zu halten. Das Gegenteil ist richtig: In Wahrheit war diese Entwicklung nur möglich, weil der Marktmechanismus auf dem Devisenmarkt außer Kraft gesetzt war. Weil die Wechselkurse sich nicht anpassen durften, raste die Welt über Jahre jenseits der zulässigen Höchstgeschwindigkeit in die falsche Richtung. Die Folge war nicht nur eine Verformung der Wirtschaftsstrukturen, sondern auch die Ansammlung gigantischer Devisenreserven in den Schwellenländern, deren Niveau schon seit Jahren jedes vernünftige Maß übersteigt.

Noch nie in der Wirtschaftsgeschichte haben Staaten derart große Mengen fremder Währungen gehortet wie heute: Auf mehr als 5 Billionen US-Dollar sind sie in den ersten Jahren des 21. Jahrtausends angestiegen. Noch 1990 lag die Summe lediglich bei einer Billion. Binnen anderthalb Jahrzehnten verfünffachten sich also die Rücklagen in Fremdwährung. Zwar gingen die Devisenreserven im Zuge der Finanzkrise von ihren Höchstständen Mitte 2008 leicht zurück: Im ersten Quartal 2009 lagen sie in Korea und Indien um 20 Prozent unter vorherigen Maximalwerten, in Polen um 25 Prozent, in Russland um 35 Prozent. Im Zuge der Krise hatten die Notenbanken ihre eigenen Währungen gestützt und dafür Reserven verwendet, die sie in den Jahren zuvor aufgebaut hatten. Aber dies ist nur eine Momentaufnahme, und sie gilt längst nicht für alle Länder. Chinas Devisenreserven stiegen während der Krise noch weiter, auf mehr als 2 Billionen US-Dollar. Auch im übrigen Asien, in Hongkong und Malaysia, in Singapur und den Philippinen, stiegen die Fremdwährungsrücklagen weiter.

Sie haben Niveaus erreicht, die alle vernünftigen Maßstäbe sprengen. Früher ging man davon aus, dass ein Land aus drei Gründen Bestände an fremden Währungen vorhalten müsse: erstens um in jedem Fall notwendige Importe bezahlen zu können, zweitens um seine kurzfristigen Schulden gegenüber dem Ausland bedienen zu können, drittens um seinen Wechselkurs im Rahmen eines Festkurssystems wie Bretton Woods oder des späteren Europäischen Währungssystems (EWS) verteidigen zu können. Nach diesen Maßstäben gelten folgende Faustregeln als angemessen: Ein Land sollte so viele Währungsreserven vorhalten, dass es ständig in der Lage ist, 25 bis 50 Prozent seiner jährlichen Importe zahlen zu können (falls sein Exportsektor eine plötzliche Schwäche erleiden sollte) und 100 Prozent der kurzfristig fälligen Auslandsverbindlichkeiten abdecken zu können (und somit gegen eine plötzliche Kapitalflucht abgesichert zu sein). Und was das dritte Kriterium, die Verteidigung des Wechselkurses, betrifft, so gilt dies überhaupt nur für Länder, die sich womöglich gegen eine *Ab*wertung im Rahmen eines formalen Wechselkurssystems wie dem Bretton-Woods-I-System stemmen müssen – was bei Überschussländern gerade nicht der Fall ist, die ja eine *Auf*wertung zu verhindern suchen und deshalb massenhaft Fremdwährung vom Markt kaufen.

In der Realität schießen viele Länder weit über diese Faustregeln hinaus. Chinas Devisenreserven entsprachen Anfang 2009 nach Berechnungen der Bank für Internationalen Zahlungsausgleich (BIZ) 45 Prozent des Bruttoinlandsprodukts der Volksrepublik und fast einem Jahresvolumen an Importen: Fast ein ganzes Jahr könnten die Chinesen ihre gesamten Einfuhren nur aus ihren Währungsbeständen bezahlen, ohne einen einzigen Dollar, Euro oder Yen im Export einnehmen zu müssen. Noch abstruser ist die Größenordnung der chinesischen Währungsreserven, wenn man sie am Kriterium der Auslandsverschuldung misst: So entsprachen die Rücklagen fantastischen 1873 Prozent der kurzfristig (bis zu einem Jahr) fälligen Auslandsschulden. Ähnlich aus dem Ruder gelaufen sind die Rücklagen in den kleineren asiatischen Ländern und bei den Ölexporteuren. Russland, Besitzer von Reserven im Wert von 368 Milliarden US-Dollar, kann 446 Prozent seiner kurzfristigen Auslandsschulden decken und anderthalb Jahre seine gesamten Importe bestreiten.

Dass die Devisenreserven unangemessen hoch sind, ist also offensichtlich. Praktisch alle Schwellenländer, darunter auch die Demokratien mit eigenständiger Geldpolitik wie Brasilien, überschreiten die traditionellen Maßstäbe, teils in grotesker Größenordnung. Die einzige Ausnahme bildete 2009 Osteuropa (ausgenommen Russland), das als Ländergruppe tatsächlich über zu geringe Devisenreserven verfügte; entsprechend mussten einige Länder vom Internationalen Währungsfonds (IWF) gestützt werden.

Angesichts dieser Zahlen stellt sich eine grundsätzliche Frage: Warum scheint es diese vergleichsweise armen Länder eigentlich nicht zu stören, derart große Rücklagen in überbewerteter Fremdwährung anzusammeln?

Die Strategie der Währungshortung um jeden Preis ist eine Reaktion auf die Emerging-Market-Crashes der neunziger Jahre. Damals erschütterte eine Reihe von Kapitalfluchten die Schwellenländer: 1994 Mexiko, 1997/98 Asien, 1998 Russland, 1999 Argentinien und Brasilien. In einer wahren Stampede verließen die Anleger die Schwellenländer, schickten Währungen, Wohlstand und Finanzmärkte auf Talfahrt und entmachteten Regierungen. In der Folge mussten sich diese bis dahin boomenden Nationen vom IWF retten lassen und sich einem restriktiven wirtschaftspolitischen Kurs unterwerfen. Nie wieder sollte es so weit kommen, schworen sie sich. Deshalb nutzten sie den westlichen Aufschwung in den folgenden Jahren, um sich ihrer Finanzprobleme durch eine aggressive Exportorientierung zu entledigen. Entsprechend veränderten sie ihre Wechselkurspolitik: Zuvor hatten viele Länder ihre Währungen überbewertet gehalten, um Kapital zu günstigen Konditionen importieren zu können und damit gewissermaßen eine Abkürzung auf dem Weg zum Wohlstand zu nehmen. Als Zweifel an ihrer Wettbewerbsfähigkeit und folglich an ihrer Kreditwürdigkeit aufkamen, konnten sie ihre überbewerteten Währungen nicht verteidigen. Doch statt die Wechselkurse freizugeben, gingen sie neue Bindungen ein und hängten sich nun zu unterbewerteten Paritäten an die Leitwährung Dollar. Statt den Kapitalimport zu subventionieren, subventionierten sie nun den Güterexport. Dass bei dieser Strategie die Devisenreserven immer weiter wuchsen, war willkommen, galten hohe Forderungen gegen das Ausland doch als Versicherung gegen künftige Krisen.

Es ist eine Ironie der Wirtschaftsgeschichte, dass die Devisenreserven, die den großen globalen Boom und den Crash mitverursacht haben, ursprünglich angelegt wurden als Puffer gegen solche Krisen. In den ersten Jahren des 21. Jahrhunderts geriet die Situation außer Kontrolle. Es wurde deutlich, dass dem anfänglichen Nutzen dieser Strategie im Laufe der Zeit steigende Kosten gegenüber standen. Es sind vor allem zwei große Risiken, die mit der überbordenden Reservehaltung verbunden sind:

- Da ist zum einen das Risiko der Inflation der Güter- und/oder Asset-Preise. Die zu reichliche Geldversorgung nach dem Dot.com-Crash von 2000/01, angestoßen von den Notenbanken der großen westlichen Länder und verstärkt von den ihnen folgenden Schwellenländern, legte die Grundlage für einen ungesunden Boom. Die Währungsbehörden in den ärmeren Ländern übernahmen den amerikanischen Antideflationskurs und produzierten ein inflationäres Umfeld. Und sie sind, während ich dieses Manuskript abschließe, abermals dabei, einen solchen Kurs zu steuern, was mich in der Sorge bestärkt, dass die Welt nicht viel gelernt hat aus Boom und Crash – und dass die nächsten, womöglich noch schlimmeren Verwerfungen noch bevorstehen.

- Und da ist zum anderen das Risiko des Verlusts von Volksvermögen. Die Größenordnung der Devisenreserven, die in vielen asiatischen Ländern etwa die Hälfte des Sozialprodukts erreichen, macht diese Volkswirtschaften anfällig. Bereits in den Jahren 2001 bis 2006, so haben EZB-Ökonomen ausgerechnet, hätte eine 15-prozentige Aufwertung der heimischen Währungen (wohlgemerkt: dies wäre eine moderate Wechselkurskorrektur gewesen, gemessen an der Größe der Leistungsbilanzüberschüsse dieser Länder) nennenswerte Vermögensverluste verursacht: 10,5 Prozent des Bruttoinlandsprodukts in Hongkong, 8,2 Prozent in Malaysia, 6 Prozent in China, 4,5 Prozent in Russland, 4 Prozent in Südkorea – erhebliche Verluste an Vermögen, die in den Folgejahren noch stärker ausgefallen wären, da die Reserven weiter wuchsen.

Aus Sicht des jeweiligen nationalen Vermögensmanagements ist die einseitige Konzentration der Überschussländer auf niedrig verzinste Dollarpapiere keine sinnvolle Anlagestrategie. All die hart erarbeiteten Reserven sind ihr Geld einfach nicht wert. Deshalb sind einige Länder in den vergangenen Jahren dazu übergegangen, Teile ihrer Devisenreserven an neue Staatsfonds (*Sovereign Wealth Funds*) zu überweisen, um ihre nationalen Portfolios zu diversifizieren. Sie folgten damit dem Vorbild der Ölstaaten: Bereits seit Jahrzehnten sind Kuwait, Abu Dhabi oder Norwegen im internationalen Investmentgeschäft tätig. Nun haben auch Länder wie China und Russland Staatsfonds gegründet, die damit im Westen Assets (Aktienpakete, ganze Unternehmen) aufkaufen wollen. Was im Westen wiederum für Unruhe gesorgt hat: Die

Quasi-Verstaatlichung bislang privatwirtschaftlicher Unternehmen durch ausländische Staatskassen stößt nicht überall auf einhellige Freude. Um es vorsichtig auszudrücken.

Die Staatsfonds allerdings ändern am Grundproblem gar nichts: Weiterhin ist die Währungspolitik darauf ausgelegt, globale Ungleichgewichte zu subventionieren.

## Den Letzten beißen die Hunde: das Dollarspiel

Dass viele Schwellenländer währungspolitisch nicht auf eigenen Füßen stehen können, liegt, wie oben dargelegt, an der mangelnden Glaubwürdigkeit ihrer Institutionen und damit letztlich am Demokratiedefizit, das viele dieser Nationen plagt. Aber warum werten sie nicht wenigstens gegenüber dem Dollar auf oder ab? Warum handhaben sie ihre Wechselkurspolitik nicht flexibler?

Vor allem aus zwei Gründen: zum einen aus Opportunismus – solange die Wirtschaft läuft und die Bevölkerung zufrieden ist, sind nur wenige Regierende zu Kurskorrekturen bereit; zum anderen wegen der hohen Vermögensverluste, die sie im Falle einer Aufwertung ihrer heimischen Währung gegenüber dem Dollar erleiden würden – wie im vorherigen Abschnitt beschrieben, würden große Wertberichtigungen nötig, die sie verhindern wollen. Eine riskante Politik: Um nicht aufwerten zu müssen, haben sie immer mehr und immer noch mehr überbewertete Dollars aufgekauft – und damit die Risiken der Wertverluste ständig vergrößert.

Die Staaten des Bretton-Woods-II-Arrangements sind gewissermaßen gefangen in einem Dollarkartell. Dass dieses Kartell überhaupt so lange gehalten hat, grenzt fast an ein Wunder. Doch dieses Spiel dürfte irgendwann zu Ende gehen – spätestens wenn die Gläubiger befürchten müssen, ihr Geld zu verlieren. Eine Notenbank, die forsch aus dem Dollar aussteigt, läuft nämlich Gefahr, eine Kettenreaktion auszulösen, innerhalb derer auch die übrigen Staaten das Arrangement verlassen – wodurch ihre Dollarreserven teilweise entwertet würden und, schlimmer noch, weltweit die reale Wirtschaft derart litte, dass der Export zusammenbräche. Auch keine allzu rosigen Aussichten. So gesehen, basieren die ökonomischen Ungleichgewichte auf einem wirtschaftspolitischen Gleichgewicht der Angst.

Ein großes weltpolitisches Dollarspiel hat die US-Währung bislang vor dem Absturz bewahrt. Alle sind miteinander verstrickt: die Überschussländer (China, Russland, die Golfstaaten und andere) genauso wie das Defizitland USA. Werfen die Überschussländer ihre Dollars auf den Markt – oder hören sie auch nur auf, frische Dollars zu kaufen –, verfällt der Preis, und die Gläubigerstaaten erleiden gigantische Vermögensverluste. Weil solche Verluste bislang niemand realisieren wollte, halten alle still. Auch wenn sie, wie beim BRIC-Gipfel im Sommer 2009, immer lauter die Ablösung des Dollar als Weltwährung fordern.

Aber die Konstellation ist instabil. Die strategische Situation ähnelt, wie gesagt, einem Kartell: Der Anreiz für jeden einzelnen Teilnehmer, auszusteigen und einen schnellen Gewinn auf eigene Rechnung einzustreichen, ist enorm. Wer zuerst – und mutmaßlich heimlich – seine Dollars zu noch halbwegs einträglichen Kursen auf den Markt wirft, steht besser da als die anderen. Der Dollarcrash kann also ganz schnell gehen: In rasantem Tempo würde das Kartell zerbrechen, weil keiner als der letzte Depp mit dem größten Wertverlust dastehen will. Es ist gut möglich, dass wir schon bald den Zusammenbruch des Dollarkartells erleben. Aber vielleicht hält das Kartell auch, und die Weltfinanzen passen sich sanft an die neuen Kräfteverhältnisse an.

Was auch passieren mag: Dem Dollararrangement ist keine große Zukunft mehr beschieden. Wie sich Bretton Woods I Anfang der siebziger Jahre auflöste, als die USA auf einen Kurs der Instabilität schwenkten, so wird sich auch Bretton Woods II auflösen. Entweder sachte in einer vernünftigen, institutionell abgesicherten Weise. Oder mit einem großen Knall, der die nächste Eskalationsstufe der großen Krise brächte.

## Die Zukunft? Optionen für ein neues Weltwährungssystem

Anfang 2009 machte mich ein hochrangiger amerikanischer Gesprächspartner auf eine interessante Statistik aufmerksam. »Gucken Sie sich mal die TIC-Daten an. Das dürfte Sie interessieren.« TIC – das steht für *Treasury International Capital System*. Es ist die Datenbank, mittels derer sich das US-Finanzministerium einen Überblick darüber verschafft, bei wem Amerika eigentlich in der Kreide steht – der größte Schuldner der Welt offenbart seine Gläubiger.

Endlose Zahlenkolonnen, in denen sich brisante Botschaften verbergen. Zum Beispiel diese: China, bislang wichtigster Finanzier der US-Defizite, wird zögerlicher. Ende 2008 hatten die Chinesen zum Beispiel mehr ver- als gekauft. Kurz danach korrigierten sie diesen Kurs zwar wieder und stockten ihre Bestände an Dollaranleihen weiter auf. Aber Anzeichen von Nervosität waren erkennbar. Premier Wen Jiabao hatte bekundet, er sei besorgt angesichts der rapide steigenden US-Verschuldung. Fast zeitgleich hatte Zentralbankchef Zhou Xiaochuan den Dollar als instabile Weltreservewährung gebrandmarkt. Es waren kleine Erschütterungen im Zuge einer großen tektonischen Verschiebung: weg von Amerika als Anker der Weltwirtschaft, weg vom Dollar als dominantem Weltgeld, weg vom US-Kapitalmarkt als Abladeplatz für einen Großteil der Überschüsse der Schwellenländer.

Die Zeit ist reif für ein neues globales Währungsarrangement. Rekapitulieren wir noch einmal kurz: Das bisherige Währungssystem ist eine der Ursachen der Weltfinanzkrise und der folgenden Weltrezession. China sowie andere asiatische und arabische Staaten fluteten die US-Wirtschaft mit ihren Überschüssen – ein inflationärer Kurs. So konnten sich Immobilienblasen aufbauen, konnten sich die US-Konsumenten in eine Verschuldungsorgie steigern. Möglich war diese globale Geldumwälzpumpe nur, weil sich wichtige Schwellenländer am Dollar als Leitwährung orientieren. Statt aufzuwerten und so ihr übersprudelndes Wachstum zu dämpfen, kauften sie haufenweise Dollar-Papiere, was zur weltweiten Überhitzung beitrug. Entsprechend heftig fiel die Rezession aus. Entsprechend wahrscheinlich ist es, dass sich solche krisenhaften Zuspitzungen wiederholen.

Aber wie kann, wie sollte ein künftiges System aussehen?

### Zurück nach Bretton Woods?

Nach dem Ausbruch der Finanzkrise hörte man häufig Forderungen nach einem Wiederaufleben des Bretton-Woods-Systems. Das heißt: Kopplung des Dollar ans Gold und Bindung der übrigen Währungen zu festen, aber anpassungsfähigen Kursen an den Dollar. Bis Anfang der siebziger Jahre funktionierte dieses Arrangement verlässlich. Es gab eine ordnende Instanz, den Internationalen Währungsfonds (IWF), der das System überwachte und steuerte.

Allerdings, Bretton Woods funktionierte nur unter einer Reihe von Bedingungen, die heute nicht mehr gelten:

- Die nationalen Finanzmärkte waren nicht offen, sondern gegeneinander abgeschottet durch Kapitalverkehrskontrollen. Man konnte nicht einfach sein Geld in anderen Ländern anlegen oder dort Kredite aufnehmen. Die Finanzen waren damals weitgehend national.
- Auch der Güterhandel war gemessen an heutigen Größenordnungen bescheiden. Die Handelsströme waren begrenzt – der Protektionismus der Zwischenkriegszeit war noch weitgehend in Kraft –, sodass wiederum auch die mit dem Warenaustausch verbundenen Finanzströme begrenzt waren.
- Und es gab nur ein einziges ökonomisches Zentrum der Weltwirtschaft, nämlich die USA, das solide und nichtinflationär wuchs. Amerika war der natürliche Bezugspunkt für den Rest der (freien) Welt – geostrategisch, ökonomisch, währungspolitisch. Die einzige weltweite Ordnungsmacht, die, so der Wa-

shingtoner Anspruch, dem Rest des Planeten eine »hegemoniale Stabilität« stiftete, wie zwei Jahrtausende zuvor das Römische Reich.

All diese Bedingungen sind heute nicht mehr erfüllt. Sie waren schon in den siebziger Jahren nicht mehr erfüllt, weshalb das System von Bretton Woods ja damals zerbrach.

Ließe sich heute eine Neuauflage dieses System installieren? Auf die dritte Bedingung könnte man womöglich verzichten und das System um eine synthetische Bezugsgröße wie die Sonderziehungsrechte (*Special Drawing Rights*, SDR – eine Korbwährung) herumbauen. Die anderen Bedingungen wären nur unter immensen Kosten herzustellen: So müssten die Güter- und vor allem die Finanzmärkte renationalisiert werden. Denn bei offenen Grenzen sind die Finanzströme so groß, dass die Notenbanken sie nicht einfach unter Kontrolle bringen und die Wechselkurse konstant halten können. Die Renationalisierung der Volkswirtschaften aber würde geradewegs ins Desaster führen – wie in den dreißiger Jahren des 20. Jahrhunderts, als eine Protektionismusspirale der westlichen Länder dazu beitrug, den Crash von 1929 zur Großen Depression zu verschärfen. Ohnehin ist der Protektionismus durch die Krise wieder auf dem Vormarsch. Die Währungspolitik darf diesen Trend nicht noch verstärken.

Also: Bretton Woods I taugt nicht für die Zukunft. Es wäre der Rückzug in eine allzu restriktive Wirtschaftswelt. Die volkswirtschaftlichen Kosten durch den damit verbundenen Protektionismus und den Verlust an geldpolitischer Autonomie wären gigantisch.

### Der Euro als Weltwährung?

Wenn der Dollar nicht mehr als vornehmliche Weltwährung taugt, warum wählen die Schwellenländer dann nicht den Euro als Alternative? In der Tat ist Europas Gemeinschaftsgeld die erste Währung seit Jahrzehnten, die dem Dollar als internationales Zahlungsmittel ernsthaft Konkurrenz macht. Das Eurogebiet ist den USA als Volkswirtschaft durchaus ebenbürtig: Wirtschaftskraft und Bevölkerungszahl sind vergleichbar, der Anteil am internationalen Handel Europas ist größer. Die Finanzmärkte sind ähnlich groß, die Euroanleihemärkte sind sogar größer als die amerikanischen, wenn auch nach wie vor national segmentiert. Der Bargeldumlauf in Euro ist größer als der in US-Dollar. Allerdings dominiert der Dollar immer noch als Vehikelwährung (beim Tausch von Drittwährungen finden die Transaktionen meist über eine hochliquide Drittwährung, das »Vehikel«, statt). Auch werden immer noch zwei Drittel der offiziellen Devisenreserven in Dollar gehalten, auch wenn der Anteil des Euro langsam, aber stetig gestiegen ist. Und mehr und mehr Staaten binden ihre Währungen an den Euro – beziehungsweise, wie Russland, an einen Währungskorb, in dem auch der Euro enthalten ist, oder sie erwägen, dies zu tun (wie etwa Golfstaaten, die eine Währungsunion anstreben, die ihre alleinige Abhängigkeit vom Dollar beenden soll).

Spiegelbildlich zu dieser immer prominenteren internationalen Rolle des Euro hat sein Außenwert seit den Tiefständen in den frühen Jahren der Währungsunion 2000 und 2001 nahezu kontinuierlich zugelegt, sowohl gegenüber dem Dollar als auch gegenüber dem Durchschnitt der Euroland-Handelspartner. Auch ideologisch sehen viele den Euro im Vorteil – in US-kritischen Schwellenländern, aber auch in Europa selbst. So befand etwa der ehemalige deutsche Finanzminister Peer Steinbrück, das multinationale Gemeinschaftsgeld sei nicht nur ein schnödes Tausch- und Wertaufbewahrungsmittel, sondern auch ein Symbol: »In vielen Teilen der Welt wächst die Nachfrage danach, wofür Europa steht: für dauerhaften Frieden, Freiheit und Wohlstand. Das Modell Europa ist attraktiv für die Welt, weil es mehr als andere Modelle auf Toleranz und friedliches Miteinander setzt.«

Mag sein.

Aber Europa hat auch grundlegende Schwächen, die gerade im Zuge der Finanzkrise aufgebrochen sind. Seine inneren Ungleichgewichte bekommt es nicht in den Griff, und die Regierungen können sich nicht auf ein Instrumentarium zur Lösung der Probleme einigen. Um Staatsbankrotte einzelner Mitgliedstaaten abzuwenden, ist es auf Hilfe des Internationalen Währungsfonds angewiesen, also auch auf Gelder der Amerikaner, Japaner, Chinesen. Über den weiteren politischen Kurs – Richtung Bundesstaat mit eigener Verfassung oder zurück zum reinen Binnenmarkt – herrscht Uneinigkeit und deshalb Unsicherheit. Immer neue Erweiterungsrunden der Europäischen Union und der Eurozone wirken destabilisierend, weil der institutionelle Rahmen nicht mitwächst. Dazu kommen Fragen bezüglich der Auswirkungen der Alterung der europäischen Gesellschaften – für die Stabilität, die wirtschaftliche Dynamik, die Tragfähigkeit der Staatshaushalte. Es kann sein, dass Europa und seine Währung ihren Zenit bereits überschritten haben.

Der Euro ist deshalb kein offensichtlicher Ersatzkandidat für den angeschlagenen Dollar. Kaum jemand rechnet denn auch damit, dass der Euro den Dollar als Weltwährung komplett ersetzen wird. Aber er ist eine Option für jene Staaten der Welt, die ihre Abhängigkeit von der US-Währung verringern wollen. Womöglich bildet sich ein Mehr-Währungssystem heraus, wie es das bis zum Ersten Weltkrieg bereits gegeben hatte, als das bis dahin dominierende britische Pfund allmählich Konkurrenz bekam durch den französischen Franc und die Deutsche Reichsmark, deren Platz später der US-Dollar einnahm.

Allerdings, auch ein bipolares Währungssystem, basierend auf Dollar und Euro, würde das Grundproblem nicht lösen: die fehlende Anpassung der Wechselkurse an neue wirtschaftliche Bedingungen, wodurch ja erst die Liquiditätsschwemme, der Boom und der Crash ausgelöst wurden.

### Ein neues, künstliches Weltgeld?

Im Frühjahr 2009 ließ Chinas Notenbankchef Zhou Xiaochuan die Welt aufhorchen. Auf der Website der People's Bank of China hatte er ein kurzes Papier platziert, das es in sich hatte. Ohne den Dollar direkt zu erwähnen, stellte er die US-Währung als globale Reservewährung in Frage. Er griff eine Idee auf, die John Maynard Keynes bereits 1944 bei der Konferenz in Bretton Woods vertreten hatte: Der britische Ökonom schlug damals vor, für die Nachkriegsordnung eine globale Kunstwährung namens »Bancor« zu schaffen – ein weltweit akzeptiertes Geld, das durch einen Korb von 30 Rohstoffen gedeckt sein sollte. »Das gewünschte Ziel«, so formulierte Keynes-Schüler Zhou im Jahre 2009, sei es, eine internationale Reservewährung zu schaffen, die »langfristig stabil bleibe« und die die »inhärenten Unzulänglichkeiten« überwinde, die »kreditbasierten nationalen Währungen« eigen seien. Es gehe um die Schaffung einer *super-sovereign reserve currency* – einer überstaatlichen Reservewährung. Dieses neue Weltgeld solle von einer internationalen Institution, vermutlich dem Internationalen Währungsfonds, gemanagt werden. Ziel sei es, so Zhou, einen angemessenen internationalen Liquiditätsbedarf sicherzustellen. In Zhous »großer Vision« (*grand vision*) gibt es aber nicht nur ein einziges globales Zahlungsmittel, sondern nach wie vor nationale Währungen, die mit festem, aber anpassungsfähigem Wechselkurs an das supernationale Geld gebunden sind.

Auch den Weg dahin skizzierte der chinesische Notenbanker: Die Sonderziehungsrechte (*Special Drawing Rights*, SDR) – jene Kunstwährung des Währungsfonds, die 1969 eingeführt wurde, aber bislang nie eine große Rolle spielte und nur eine Rechnungseinheit des IWF darstellt – sollen weiter verbreitet werden als Abrechnungs- und als Anlagewährung. Die SDR sind ein Währungskorb, derzeit bestehend aus vier Währungen (Dollar, Euro, Pfund und Yen), lediglich eine theoretische Größe, aber keine tatsächliche. Nach dem chinesischen Vorstoß sollten weitere Währungen in die SDR aufgenommen werden; vermutlich, damit die SDR künftig die Zusammensetzung des Weltsozialprodukts repräsentieren. Auch sollten Teile der nationalen Währungsreserven auf den IWF übertragen werden. Langfristig könnten die SDR, als moderne Variante von Keynes' »Bancor«, mit realen Werten wie Rohstoffreserven unterlegt werden.

Am Ende stünde eine Art neues Bretton Woods – feste Wechselkurse, aber statt des früheren Gold-Dollar-Standards von Bretton Woods I gäbe es nun einen Rohstoff-Bancor-Standard.

Es ist aufschlussreich, dass China überhaupt einen solchen Vorschlag unterbreitet hat. Aus mehreren Gründen. Das Zhou-Papier zeigt

- Chinas Unzufriedenheit mit der Abhängigkeit vom Dollar und von Amerika,
- die Bereitschaft, sich den Spielregeln eines internationalen Systems zu unterwerfen, wenn Peking denn selbst mehr Mitsprache bekäme,
- den Unsinn übergroßer Devisenreserven, die für nationale Institutionen gar nicht mehr zu managen sind und die inzwischen eine Gefahr für die Weltwirtschaft darstellen,
- das Bewusstsein, dass die übermäßige Kreditschöpfung der vergangenen Jahrzehnte Boom und Krise mitverursacht hat,
- die Unfähigkeit Chinas, eine eigene Währung zu etablieren, die das Land weitgehend unabhängig von einer internationalen Reservewährung machen würde,
- ein grundlegendes Misstrauen gegenüber flexiblen Wechselkursen.

Wie beim ursprünglichen Bretton-Woods-System werden in einer Welt offener Kapitalmärkte die Wechselkurse der nationalen Währungen kaum zu halten sein. Denn die Geldströme sind so groß, dass die nationalen Notenbanken im Falle massiver spekulativer Attacken die Wechselkurse nicht verteidigen können. Voraussetzung für ein solches System wäre folglich die weitgehende Abschottung der Kapitalmärkte. Ein hoher Preis, den zu zahlen die hochentwickelten Länder nicht bereit sein werden.

Ob eine internationale Institution wie der IWF tatsächlich eine hinreichende Glaubwürdigkeit als Währungsbehörde aufbauen könnte, ist zudem höchst fraglich. Die bisherigen Erfahrungen stimmen in dieser Hinsicht nicht sonderlich optimistisch. Wie bereits erwähnt, brauchen Notenbanken eine demokratische Öffentlichkeit, der gegenüber sie rechenschaftspflichtig sind, um Glaubwürdigkeit aufbauen zu können. So haben weder die vom IWF institutionell abgesicherten SDR binnen vier Jahrzehnten eine nennenswerte Rolle erringen können; noch hat sich das Europäische Währungssystem (EWS) in den achtziger Jahren um den Währungskorb ECU gruppiert, sondern es entwickelte sich, anders als geplant, zum D-Mark-Standard, abgesichert durch die stabilitätspolitische Autorität der Deutschen Bundesbank. Dass auf globaler Ebene eine dem Kunstgeld »Bancor« ähnliche Währung diese Glaubwürdigkeit gewinnen könnte, erscheint vor diesem Hintergrund nicht als *grand vision*, sondern nur als *wishful thinking*.

In der Tat wäre es wünschenswert, die Geldversorgung stärker in der realen Wirtschaft zu verankern, um inflationäre Entwicklungen bei Güter- und/oder Asset-Preisen künftig zu verhindern. Aber das kann prinzipiell jede ordentliche nationale Notenbank. Warum, so fragt man sich bei der Lektüre des Papiers ständig, versucht der Notenbankchef einer der größten Volkswirtschaften der Erde nicht einfach, seine eigene Institution so gut und so glaubwürdig zu machen, dass er eine eigene Währung von internationaler Bedeutung etabliert? Die Antwort ist klar: Weil er es nicht kann – weil eine Diktatur keine unabhängige Notenbank schaffen kann. Das Zhou-Papier ist, so gesehen, ein Armutszeugnis.

### Ein neuer informeller Goldstandard?

Wenn der Dollar seine Funktion als stabiles Weltgeld für die großen Schwellenländer nicht mehr befriedigend erfüllt, wenn der Euro keine überzeugende Alternative darstellt, wenn aber erst recht die »große Vision« eines Festkurssystems um eine internationale Kunstwährung à la »Bancor« kaum zu erreichen ist, dann stellt sich dennoch die Frage, was die großen Schwellenländer jetzt

tun können. Denn sie müssen handeln: Sie müssen sich aus der
allzu engen Dollar-Bindung lösen; sie müssen Teile ihrer Währungsreserven in werthaltigere Anlageformen umtauschen; sie
müssen dabei helfen, ein stabileres internationales Geldsystem zu
schaffen. Aber: Sie haben mit einem chronischen Defizit an insti-
tutioneller Glaubwürdigkeit, demokratischer Legitimität und Stabilität zu kämpfen.

Ich halte es für möglich, dass es einen teilweisen, aber unvoll-
ständigen Ausweg gibt: Gold. Die Schwellenländer könnten vom
heutigen informellen Dollarstandard zu einem informellen Gold-
standard übergehen. Die Schwäche ihrer Institutionen würden sie
durch den Aufbau von Goldschätzen kompensieren, ihre volumi-
nösen US-Dollarreserven könnten sie sukzessive umschichten.
Mit dem Nebeneffekt, dass sich die USA nicht mehr wie gewohnt
im Ausland verschulden könnten und der Dollar stark an Wert ver-
löre.

Es gibt erste Anzeichen in diese Richtung. So ließ die chinesische
Regierung 2009 verlauten, sie habe eine größere Menge Gold gekauft, nämlich 454 Tonnen seit 2003, und dafür einen (kleineren)
Teil der gigantischen Devisenreserven eingesetzt. Indiens Notenbank kaufte im Herbst 2009 gleich 200 Tonnen des Edelmetalls
vom Internationalen Währungsfonds. Eine Transaktion, die den
Goldpreis in die Höhe schießen ließ – in der Erwartung, andere Notenbanken würden folgen. Stehen wir also am Beginn eines neuen
Goldfiebers? Es sieht ganz so aus. Auch in den Krisenjahren 2008
und 2009 hat sich der Goldpreis erstaunlich gut gehalten. Nur um
25 Prozent ging er zwischenzeitlich zurück, die Verluste gegenüber
den Höchstständen von 2008 (fast 1000 Dollar pro Unze) waren
rasch wieder aufgeholt. Zum Vergleich: Öl verlor nach dem Sommer 2008 rund drei Viertel seines Wertes und stand im Herbst
2009 nicht einmal bei der Hälfte der vormaligen Maximalnotie-
rungen. Ich kann mir gut vorstellen, dass es gerade erst richtig
losgeht: dass der Goldpreis Höhen erreichen wird, die bislang als
unvorstellbar galten – dass ein globales Goldfieber einsetzt. Weil

die Angst vor Inflation die Märkte auf längere Sicht im Griff haben wird. Gefährdetes Papiergeld gegen Gold zu tauschen, um Werte zu sichern und halbwegs liquide zu bleiben, hat eine lange Tradition. Wenn Privatleute Inflation fürchten, erst recht wenn sie Angst haben vor sozialen Unruhen und politischer Instabilität, wählen sie typischerweise Gold als Wertaufbewahrungsmittel. Anfang 2009, auf dem Tiefstpunkt der Weltwirtschaftskrise, erzählte mir ein Unternehmensberater, er sei bei einem mittelständischen Unternehmer gewesen, der gerade mehrere Millionen Euro in Form von Goldbarren in seinen Betonfußboden habe gießen lassen. Die Sinnhaftigkeit einer solchen Aktion kann man bezweifeln. Sie illustriert aber den Reiz, den Gold gerade in Krisenzeiten als Vermögenswert der letzten Zuflucht ausübt. Es ist seit Jahrtausenden als Wertaufbewahrungsmittel bewährt, leicht zu verstauen und – falls es ganz schlimm kommt – auch leicht zu transportieren.

Ähnlich handeln Staaten. Aufgrund der Zweifel an der Werthaltigkeit der US-Währung wollen die Schwellenländer ihre Bindungen an den Dollar lockern. Sie wollen keine Inflation importieren, und sie wollen den Wert ihrer Devisenreserven nicht dahinschmelzen sehen wie Vanilleeis in der Sommersonne. Aber sie können bislang keine eigene, glaubwürdige Geldpolitik betreiben. Der Aufbau eines Goldschatzes ist so gesehen ein Weg für die Notenbanken der Schwellenländer, ihre Glaubwürdigkeit zu stärken. Weil die bisher verwendeten monetären Anker, zumal der Dollar, keine Sicherheit mehr versprechen, suchen die institutionell schwachen Newcomer-Nationen Halt in Edelmetallen. Wie gesagt: Ich vermute, dass wir den Beginn eines neuen Goldstandards erleben, eines *informellen* Arrangements, anders als sein Vorläufer im 19. Jahrhundert – aber mit deutlicher Signalwirkung für andere, private Goldkäufer.

### Neue Anpassungsregeln?

Eine eigenständigere Geldpolitik der Schwellenländer, basierend auch auf der Glaubwürdigkeit wachsender Goldschätze, wäre ein deutlicher Fortschritt für das internationale Währungssystem. Die globalen Geldbeziehungen würden sich ein Stück weit in Richtung jenes eingangs formulierten Ideals bewegen, wonach die Welt mit einem Netz eigenständiger Währungen überzogen wäre, die untereinander in freien Wechselkursrelationen getauscht würden, und es keiner Weltwährung mehr bedürfte. Auch dies ist natürlich eine *grand vision*. Dass binnen kurzem die Regierungen aufhören würden, ihre Wechselkurse zu manipulieren, ist eine allzu blauäugige Annahme. Unabhängig von der konkreten Ausgestaltung des Weltwährungssystems bedarf es deshalb eines Mechanismus, der den Aufbau globaler Ungleichgewichte verhindert. Dies sollte eine zentrale Lehre aus der Krise sein: Hohe Überschüsse und Defizite in den Leistungsbilanzen sind gefährlich! Was die Welt seit den neunziger Jahren als Globalisierung erlebt hat – die Kombination aus offenen Märkten für Güter und Kapital bei gleichzeitiger Manipulation der Wechselkurse –, ist unverantwortlich. Will man die Globalisierung retten, bedarf es eines Mechanismus, die Währungsmanipulation zurückzudrängen.

Der Berkeley-Professor Barry Eichengreen hat dazu einen interessanten Vorschlag gemacht: Länder, die über mehrere Jahre hohe Überschüsse erzielen, sollten eine Art Strafsteuer zahlen. »Ein Land, das drei Jahre lang einen Leistungsbilanzüberschuss von zum Beispiel mehr als 3 Prozent des BIP einfährt, könnte verpflichtet werden, zusätzliche Gelder an den Internationalen Währungsfonds zu überweisen am Ende jedes Jahres, innerhalb dessen der Überschuss weiter besteht«, so Eichengreen. Diese Strafzahlungen sollten hoch sein: nämlich die Hälfte jenes Betrags, um den der Leistungsbilanzüberschuss die 3-Prozent-Grenze überscheitet. Man könnte sich auch vorstellen, die Zahlungen an den raschen Aufbau von Währungsreserven zu knüpfen. Insgesamt gehe es darum, Länder dazu anzuhalten, ihre Politik so auszurichten, dass »große und anhaltende außenwirtschaftliche Überschüsse« nicht entstehen könnten. Es wäre eine Art internationaler Steuer, die sich an eine klare Bemessungsgrundlage knüpfte. Bislang geht es nämlich nach den IWF-Regeln stets darum, dass die Fondsexperten feststellen müssen, ob eine Währung »fundamental unterbewertet« ist, eine dehnbare und anfechtbare Formulierung, weshalb sie kaum jemals angewandt wird. Die Eichengreen-Regeln würden dieses Problem umgehen, indem sie einen Automatismus etablierten, dem sich die Länder vorab unterwerfen würden.

Ist das realistisch? Werden sich die Regierungen tatsächlich einer so strikten Kontrolle unterwerfen? Kaum vorstellbar. Nicht mal in der Europäischen Währungsunion waren die Mitgliedstaaten bereit, einen harten und direkten Automatismus für die Finanzpolitik zuzulassen: Der »Stabilitätspakt«, wonach die Euromitgliedstaaten keine Haushaltsdefizite fahren dürfen, die 3 Prozent des Bruttoinlandsprodukts überschreiten (außer in tiefen Rezessionen), wurde zunächst durch einen komplizierten politischen Prozess geschwächt. Als er dann erstmals hätte wirken sollen, wurde er von Deutschland, Frankreich und anderen so reformiert, dass er erst recht keine große abschreckende Wirkung entfalten kann. Denn darum geht es ja: Die Regierungen sollen wissen, dass sie bei Fehlentwicklungen mit Sicherheit zur Kasse gebeten werden. Die Verhängung von Sanktionen soll dem politischen Kalkül entzogen werden, indem ein Automatismus installiert wird. Aber bislang sind in der Europäischen Währungsunion die Mitgliedstaaten nicht zu solchen Eingriffen in die nationale Souveränität bereit. Auf globaler Ebene ist ein solches Strafabgabenverfahren erst recht schwer vorstellbar.

### Fazit: Elemente von allem

Was bleibt von all den Reformideen? Viele interessante Gedanken, einige große Visionen, aber vermutlich wenig Konkretes. Denn all die Ideen setzen die Bereitschaft der Nationalstaaten voraus, ihre Geld- und Währungspolitik internationalen Institutionen zu unterwerfen. Und diese Institutionen sollen ihnen schwierige und unpopuläre Entscheidungen abnehmen, denn insgesamt muss die Welt künftig einen strafferen geldpolitischen Kurs steuern und die Ära der globalen Liquiditätsschwemme beenden. Die internationalen Institutionen sollen letztlich harte Entscheidungen treffen, bei denen viele Nationalstaaten bislang individuell versagen. Darin steckt eine theoretische Logik: In einer offenen Weltwirtschaft kann sich letztlich kein Land von globalen Preisentwicklungen vollständig abkoppeln. Die weltweite Liquidität schwappt über die Grenzen und treibt die Preise für Vermögenswerte in die Höhe; steigende Preise für Importgüter, zumal für Rohstoffe, setzen eine grenzüberschreitende Inflationsdynamik in Gang. In einer integrierten Weltwirtschaft wird es noch schwieriger, sich einem globalen Inflationsschub wie in den siebziger Jahren zu entziehen, als es einigen Ländern, insbesondere Deutschland und der Schweiz, gelang, sich mit einer entschlossenen Geldpolitik teilweise von der Großen Inflation abzukoppeln (siehe Kapitel 2). Doch damals waren die Volkswirtschaften relativ geschlossen, im Außenhandel und im internationalen Kapitalverkehr wurden weit geringere Volumina umgeschlagen als heute.

Wenn sich kein Land individuell vom globalen Inflationszug abkoppeln kann, wenn jedes Land auch die Preisentwicklung in der restlichen Volkswirtschaft mitbeeinflusst, dann ist es notwendig, nach kollektiven Lösungen zu suchen. Im Jargon der Ökonomen: Wenn das internationale Geldwesen ein globales »öffentliches Gut« ist, dann müssen sich alle gemeinsam um seine Stabilität kümmern. Denn für jedes einzelne Land besteht ein starker Anreiz, sich wie ein *free rider*, ein »Trittbrettfahrer«, zu verhalten und nichts zur internationalen Geldstabilität beizutragen. Ähnlich wie beim Schutz der Erdatmosphäre bedarf es globaler Regeln und globaler Institutionen, die das globale Gemeinschaftsgut schützen.

Die Staatengemeinschaft müsste sich zu einem großen Ziel zusammenraufen: zum koordinierten Ausstieg aus dem globalen Inflationskartell.

Insofern ist die Suche nach einem neuen, stabilen, nichtinflationären Währungssystem folgerichtig und vernünftig. Aber ein solches System ist eben auch extrem schwierig zu realisieren: Anders als 1944, als Bretton Woods I geschaffen wurde, gibt es heute keine globale Hegemonialmacht, die als Sponsor (und Nutznießer) einer solchen Ordnung auftreten könnte. Es gibt inzwischen viele Staaten, die kooperieren müssten. Staaten mit ganz unterschiedlichen kulturellen Prägungen, Wohlstandsniveaus, Regierungssystemen, Wirtschaftsstrukturen. Mindestens die G20 müssten sich zusammenraufen – und das sind in Wahrheit 42 Staaten (das zwanzigste Mitglied ist die EU, die wiederum aus 27 Staaten besteht, von denen allerdings bereits Deutschland, Großbritannien, Frankreich und Italien als Einzelstaaten am Tisch sitzen – 19 Staaten plus 23 kleinere EU-Staaten, macht zusammen 42).

Amerikaner und Chinesen, Argentinier und Dänen, Inder und Türken, Saudis und Südafrikaner, Deutsche und Mexikaner – sie alle müssen gemeinsame Regeln finden, denen sie sich unterwerfen. Dies ist ein schwieriges und langwieriges Unterfangen, so es überhaupt gelingt. Anzunehmen, dass hochgradig restriktive Lösungen zustande kommen, wie sie die Chinesen vorschlagen, ist deshalb utopisch. Zu groß wäre der Verlust an nationaler Autonomie. Je flexibler hingegen die Regeln sind, desto leichter wird eine Lösung möglich sein. Zunächst wird es allenfalls eine Verpflichtung zur Anpassung der Wechselkurse bei großen Ungleichgewichten geben; allerdings wird sie eher unverbindlich bleiben und nicht mit einem Sanktionsautomatismus versehen sein, wie ihn der US-Ökonom Eichengreen vorschlägt. Wahrscheinlich werden auch die Notenbanken der Schwellenländer bestrebt sein, mehr geldpolitische Autonomie zu erlangen, indem sie die Glaubwürdigkeit ihrer Notenbanken erhöhen – der Aufbau größerer Gold- und anderer Rohstoffreserven könnte ihnen dabei helfen. Je glaubwürdiger ihre nationale Geldpolitik wird, desto weniger werden sie sich an eine Weltwährung wie den US-Dollar ketten müssen.

Aber auch das ist klar: Die Weiterentwicklung des internationalen Währungssystems braucht Zeit, viel Zeit. Das Abgleiten der Weltwirtschaft in eine Inflationsdynamik in den Jahren nach der großen Krise wird sich deshalb auf globaler Ebene kaum verhindern lassen.

Kapitel 5

# Der Fluch der großen Zahl

## Wie knappe Ressourcen das Wachstum dämpfen und die Inflation schüren

Kurz bevor die große Weltrezession die Menschheit zu erschüttern begann, kehrte der Hunger in Regionen zurück, von denen man geglaubt hatte, sie hätten den Mangel an Nahrung längst überwunden. Im Frühjahr und Sommer 2008, unmittelbar bevor die US-Investmentbank Lehman Brothers am 15. September 2008 zusammenbrach und die große Krise auslöste, erlebte die Welt einen Inflationsschock. Rasant waren die Preise für Nahrungsmittel, Energie und andere Rohstoffe gestiegen. Viele Menschen in den armen Ländern konnten sich ihr tägliches Brot, ihre Schale Reis oder Hirsebrei nicht mehr leisten. So hatte sich der Weizenpreis binnen weniger Jahre vervierfacht: Um die Jahrtausendwende kostete ein Scheffel Weizen nur 3 US-Dollar. Im Frühjahr 2008 erreichte der Preis Spitzenwerte von 12 Dollar. Eine Milliarde Menschen, so warnte die Weltbank, seien akut von Nahrungsmittelmangel bedroht. Politische Unruhen brachen aus – von Haiti bis Kamerun. Eine Hunger-Hausse globalen Ausmaßes.

Was die Menschheit damals erlebte, war die Endphase des längsten Booms der Weltwirtschaft seit Generationen. Nach sechs Jahren des Aufschwungs mit Wachstumsraten von rund 5 Prozent waren die natürlichen Grenzen des Wachstums erreicht. Die globale Wirtschaft hatte ihr Tempolimit überschritten, der Motor war heißgelaufen. Während der intensive Wettbewerb auf den Märkten für Industriegüter die Preissteigerungen im Zaum hielt, explodierten die Preise für all die Dinge, die sich nicht beliebig in Fabriken vermehren ließen: Bodenschätze, Ackerfrüchte, Wasser. So positiv sich die ökonomische Dynamik für viele hundert Millionen Menschen in den ärmeren Teilen der Erde ausgewirkt hatte, die der Armut entrinnen konnten, so schwerwiegend waren die Konsequenzen der Ressourceninflation: Viele Schwellenländer sind auf einem Entwicklungspfad, der extrem ressourcenintensiv ist. Die Führer dieser Länder spekulierten darauf, dass die Gesetze des Marktes für sie nicht gelten würden. Sie haben die Märkte massiv manipuliert, ihre Währungen künstlich unterbewertet und die Zinsen niedrig gehalten (siehe Kapitel 4). Sie haben Investitionen in Fabriken und Maschinen subventioniert und den Aufbau hochgradig industrielastiger Wirtschaftsstrukturen befördert. Preissignale, die rechtzeitig eine Dämpfung des überschäumenden Wachstums hätten bewirken können, wurden systematisch unterdrückt.

Das gilt insbesondere für China: Im Zeitraffer hat das Land einen industriellen Entwicklungsprozess durchgemacht, für den Europäer und Nordamerikaner das ganze 19. und das halbe 20. Jahrhundert brauchten. Und das alles im Maxi-Maßstab: Eine Milliardennation ist zur Fabrik der Welt geworden. Dafür benötigt sie Energie und Rohstoffe, was immer die Märkte hergeben. Und wenn möglich noch mehr. Binnen weniger Jahre ist China zum weltgrößten Verbraucher von Kohle, Eisenerz, Nickel, Aluminium, Blei, Zink und Kupfer geworden, wie die Internationale Energieagentur (IEA) vorgerechnet hat. Und weil die wohlhabenderen Mittelschichten sich hochwertiger ernähren, ist China längst auch die größte Verbrauchernation von Reis und Weizen.

Die Energiepreise waren zur Zeit der großen Rohstoffkrise geradezu explodiert. Im Sommer 2008 kostete ein Fass Öl in der Spitze rund 140 US-Dollar, eine Versiebenfachung seit der Jahrtausendwende. Und auch als die Weltwirtschaft danach abstürzte, blieben Öl und andere Energieträger überraschend teuer: Bei knapp 40 US-Dollar pro Fass war der Tiefpunkt um die Jahreswende 2008/09 erreicht, danach stieg der Preis bald wieder in Regionen zwischen 60 und 80 Dollar – obwohl das Weltsozialprodukt schrumpfte, obwohl die globale Nachfrage und Produktion derart stark einbrachen, wie das seit Generationen nicht mehr vorgekommen war. In den neunziger Jahren hatte Öl meist unter 20 US-Dollar das Fass gekostet. In den 2000er Jahren stieg der Preis dann an, zunächst langsam, später immer schneller.

Vorbei ist die lange Ära billigen Öls. Denn das Angebot kann dem Wachstum der Nachfrage nicht standhalten: Die Lücke zwischen den weltweiten Kapazitäten und der Produktion hat sich strukturell geschlossen. Rund zehn Jahre, schätzen Ökonomen, wird es dauern, bis das globale Energieangebot auf die gestiegene Nachfrage reagiert. Sogar die Saudis, jahrzehntelang Herren über stattliche freie Förderkapazitäten, mit denen sie den Weltmarktpreis beeinflussen konnten, pumpen aus dem Sand, was durch die Rohre passt. Doch selbst wenn die mit Abstand größten Ölreserven der Welt am Persischen Golf rasch erschlossen würden: Bei weiter stark steigender Nachfrage wird der Abtransport immer schwieriger, weil all die Supertanker kaum noch durch die Straße von Hormus passen. Die krieg- und terrorgefährdete Meerenge zwischen der Arabischen Halbinsel und dem Iran ist der kritische Pfad des globalen Ölmarktes.

Fundamental knapp sind auch Industrierohstoffe wie Kupfer, Aluminium und Rhodium. Zu Zeiten der Hochkonjunktur 2008 kam es sogar zu physischen Lieferengpässen. Kupfer beispielsweise kostete auf dem Höhepunkt der Hausse viermal so viel wie zur Jahrtausendwende. Wie bei anderen Rohstoffen auch, so waren es nicht nur die Spekulanten, die die Preise in die Höhe getrieben hatten. Vielmehr lag der Teuerung eine massiv gestiegene Nachfrage zugrunde, die auf ein begrenztes Angebot stieß. Auch Rohstoffe, die nicht börsennotiert sind, Eisenerz etwa, waren stark im Preis gestiegen.

Die Rohstoffkrise von 2007/08 hat gezeigt, dass die Welt sich zu lange einer Wachstumsillusion hingegeben hat – dass in Wahrheit die Produktionsmöglichkeiten begrenzter sind als in den vergangenen Jahren angenommen. Die Strukturen der Weltwirtschaft sind hochgradig deformiert. Die rabiate industrielle Turboindustrialisierung in vielen Schwellenländern stößt an physische Grenzen. In einer Welt begrenzter Wachstumsmöglichkeiten ist die Gefahr groß, dass steigende Rohstoffpreise eine allgemeine Preissteigerungsdynamik – vulgo: Inflation – auslösen.

Das wurde schon 2008 deutlich, als die Inflationsraten rund um den Globus in die Höhe schnellten, aber die Geldbehörden in den Schwellenländern machtlos waren, weil sie ihre Währungen an den Dollar gebunden hatten und die Notenbanken der US-Geldpolitik folgten: Große Teile Asiens und Arabiens mussten die Niedrigzinspolitik der Washingtoner Fed (die ihrerseits versuchte, die Bankenkrise abzuwehren) nachvollziehen – obwohl die Überhitzung ihrer Volkswirtschaften deutlich höhere Zinsen erfordert hätte. Viele Länder, von China bis Saudi-Arabien, wurden in den Strudel der aggressiv expansiven US-Geldpolitik gezogen, weil sie durch ihre Dollarbindung gelähmt waren. In einer echten globalen Marktwirtschaft wäre es gar nicht so weit gekommen. Da hätten sich die heraufziehenden Knappheiten frühzeitig in steigenden Preisen, Zinsen, Wechselkursen niedergeschlagen und zu einer automatischen Stabilisierung geführt. So aber fuhr die Weltwirtschaft ungebremst Vollgas – und überhitzte, bis der Kühler platzte.

Eine zu lockere Geldpolitik und eine aberwitzige Ressourcenpolitik in den reichen Ländern, manipulierte Wechselkurse und eine viel zu schnelle Industrialisierung in den Schwellenländern – diese politischen Fehler waren zentrale Zutaten für den Sprengsatz, der die Rohstoffpreise explodieren ließ. Aber es kam noch etwas hinzu: einige fundamentale Trends, die zu der Befürchtung Anlass geben, dass die Rohstoffkrise von 2007/08 kein isoliertes Ereignis ist, sondern ein Menetekel für die Zukunft. In meinem 2008 erschienen Buch *Die sieben Knappheiten* habe ich mich eingehend mit diesen Entwicklungen befasst. Es ist möglich, dass Leser jenes Buches einige Argumente in diesem Kapitel wiedererkennen werden.

Es sind vor allem drei globale Megatrends, die die Ära der Knappheiten prägen: Globalisierung, demografische Wende und Klimawandel. Die Globalisierung tritt in ihre nächste Stufe; sich rasch entwickelnde Schwellenländer und Rohstoffexporteure fordern den Westen heraus. Autoritär regierte Staaten wie China und Russland gelangen zu Wohlstand und Macht, sie verändern die internationalen Spielregeln. Und sie konkurrieren aggressiv um das immer engere Angebot an Ressourcen. Die ökonomischen und gesellschaftlichen Veränderungen wiederum gefährden die politische Stabilität in nichtdemokratischen Staaten, weil die Bürger mehr Mitspracherecht fordern, gerade wenn die Unzufriedenheit steigt, weil das Tempo der Wohlstandszuwächse der vergangenen Jahre nicht zu halten sein wird.

Die demografische Wende, die lange absehbar war und über die schon viel gesprochen und geschrieben wurde, ist jetzt tatsächlich Realität. Die Alterung der Gesellschaften schreitet rasch voran. In den kommenden Jahrzehnten werden große Teile der Welt diese Entwicklung erleben: Sinkende Geburtenraten und steigende Lebenserwartung führen dazu, dass der Anteil der Menschen im produktivsten Alter schrumpft. Mit kaum zu überschätzenden Folgen für jeden Einzelnen.

Die Klimakrise spitzt sich zu. Dass die Anreicherung der Atmosphäre mit Kohlendioxid und anderen Gasen die klimatischen Bedingungen auf der Erde beeinflusst, gilt inzwischen als gesicherte Erkenntnis. Der rasche Anstieg des Ressourcenverbrauchs und der Emissionen droht alle bisherigen Prognosen hinsichtlich des Klimawandels zu übertreffen. Während die Auswirkungen des Treibhauseffekts – Erwärmung, Dürren, Stürme, Überflutungen – nur allmählich spürbar werden, wirkt die Klimapolitik unmittelbar in der Gegenwart: Der Übergang zu klimaschonenderen Wirtschaftsstrukturen und Lebensweisen wird langwierig, teuer und ungemütlich.

Das Zusammenwirken der drei Großtrends sorgt für eine Verknappung fundamentaler Produktionsfaktoren, die, anders als

Kapital, nicht so leicht vermehrbar sind: Energie, Boden und Wasser sowie, vor allem, die Zahl produktiver Menschen.

## Tank ohne Tiger: die Knappheit an Energie

Es war eine düstere Prognose. In den Jahren 2010 bis 2015 werde die Welt in eine kritische Phase treten, so sagten die Ökonomen der IEA im Jahr 2007 voraus. Dann könne etwas eintreten, das die Welt in Friedenszeiten noch nicht erlebt habe: ein »Oil-Crunch« – eine Ölklemme, bei der das Angebot geringer wäre als die Nachfrage. Öl würde rationiert. Der Preis gehe, logisch, durch die Decke. Anders als die beiden Ölkrisen in den siebziger Jahren, die durch Preissteigerungen des Kartells der Förderländer ausgelöst und durch Panikkäufe der westlichen Autofahrer, insbesondere in den USA, verschärft wurden, wäre dies eine echte Knappheit.

Nun hat die große Weltrezession zwar das Szenario einer Ölklemme zunächst in den Hintergrund gedrängt. Aber niemand sollte sich in Sicherheit wiegen: Zwar brach die Nachfrage nach Energie als Folge der zurückgehenden Industrieproduktion und Transportaktivitäten vorübergehend ein; die Tanklager füllten sich wieder. Doch zugleich führte die Krise dazu, dass dringend nötige Investitionsvorhaben in den Förderländern zurückgestellt wurden. Die Spätfolgen werden noch spürbar sein – denn Zögerlichkeit beim Ausbau der Förderkapazitäten heute bedeutet, dass künftig das Angebot eingeschränkt sein wird. Solche Effekte sind bekannt. Schon in den achtziger und neunziger Jahren, der Phase niedriger Ölpreise, haben die Ölförderländer und die großen Energiekonzerne zu wenig investiert: Sie gaben schlicht zu wenig aus für die Suche nach neuen Vorkommen, für die Erschließung von Ölfeldern, für den Ausbau der Raffinerie- und Transportkapazitäten. Als die Preise dann Mitte der ersten Dekade des 21. Jahrhunderts immer weiter stiegen, liefen zwar eine Menge Projekte an, von denen allerdings viele zwischenzeitlich gestoppt worden sind, als Öl im Zuge der Weltrezession wieder billiger wurde. Die Folgen sind gravierend: Künftig wird noch weniger Öl auf dem Weltmarkt ankommen als bislang erwartet. Denn die Erschließung neuer Lagerstätten dauert lange, eher Jahrzehnte als Jahre. Und es ist fraglich, ob der Ausbau der Kapazitäten überhaupt ausreicht, um mit der steigenden Nachfrage einerseits und der allmählich zurückgehenden Förderleistung erschlossener Ölfelder andererseits mithalten zu können. Das Oil-Crunch-Szenario wird sich eher verschärfen, weil in den 2010er Jahren die Vorkommen in Europa und den USA zur Neige gehen.

Natürlich, kein rationaler Politiker und kein weitsichtiger Manager hat ein Interesse daran, es zu einer Ölklemme kommen zu lassen. So fürchten die Förderländer seit langem, zu hohe Ölpreise könnten die Verbraucherländer davon überzeugen, dass sie möglichst schnell vom Öl unabhängig werden müssten – noch schneller, als durch die Klimapolitik ohnehin gefordert. Die autoritären Führer großer, unterentwickelter Förderländer wie Saudi-Arabien, Iran oder Venezuela ängstigen sich vor einer ökonomischen und politischen Destabilisierung ihrer Gesellschaften. Jeder rational handelnden Regierung muss also an der Entschärfung der potenziell explosiven Zuspitzung auf dem Ölmarkt gelegen sein – was selbstverständlich nicht ausschließt, dass sich in einigen Ländern irrationale politische Figuren durchsetzen.

Die OPEC jedenfalls hat versprochen, den Rest der Welt nicht auf dem Trockenen sitzen zu lassen und die Förderkapazitäten weiter auszubauen. Und auch Länder, die nicht zur OPEC gehören, wollen ihre Produktion erhöhen. Ob in Russland, am Kaspischen Meer, am Golf von Mexiko, vor der Küste Brasiliens, in Westafrika, sogar in der Tiefsee – die Prospektoren sind wieder unterwegs, und sie suchen nach bislang unbekannten Lagerstätten. Kanada, das über ölhaltige Sande verfügt, die bis vor wenigen Jahren kaum genutzt wurden, weil die Ölgewinnung daraus bei niedrigen Preisen unprofitabel war, ist dabei, zu einem der größten Ölproduzenten aufzusteigen.

Die gelegentlich in Aussicht gestellten zusätzlichen Fördermengen mögen beruhigend klingen. Und doch ist keineswegs sicher, ob sie ausreichen. Denn die vorhandenen Ölfelder erschöpfen sich allmählich; ihre Fördermenge vermindert sich im Durchschnitt um 3,7 Prozent jährlich. So viel Öl muss also aus neu erschlossenen Quellen jedes Jahr geholt werden, allein um die weltweite Fördermenge konstant zu halten. Da aber auch noch die globale Nachfrage steigt, muss die zusätzliche Förderung noch weit stärker zulegen: Nach IEA-Kalkulationen müsste 2015 weltweit ein Drittel mehr Öl gefördert werden als noch 2006. Das ist nicht nur überaus ambitioniert – es ist quasi unmöglich.

Für die kommenden Jahre sagen Experten eine kritische Phase vorher. Anders als früher werden dann Angebot und Nachfrage so eng beieinander liegen, dass das größte Förderland Saudi-Arabien nicht mehr durch Aufdrehen des Pipelinehahns temporäre Engpässe einfach wegspülen kann, nennenswerte Reservekapazitäten wird es dann nicht mehr geben. Eine ungemütliche Situation, denn es ist ja durchaus möglich, dass die Fördermengen aus bestehenden Ölfeldern schneller fallen als mit der angenommenen Rate von 3,7 Prozent. Es kann Lieferengpässe durch Naturkatastrophen, Krieg und Terror geben. Und auch die Weltwirtschaft könnte bald wieder schneller wachsen – zumal wenn die Staatshaushalte und die Notenbanken ihre Stimulierungsprogramme nach der Krise nicht rasch wieder zurückfahren.

Die Reaktionsmöglichkeiten aufseiten der Ölverbraucher auf diese Zuspitzung sind gering. Dazu ist der verbleibende Zeitraum zu kurz und die Substitution von Öl durch andere Treibstoffe, gerade im Verkehrssektor, zu schwierig. Autos, Lastwagen, Motorräder, Flugzeuge, Busse, Schiffe – die Globalisierung und Mobilisierung der Welt dürfte sich fortsetzen. Derzeit rollen rund eine Milliarde Fahrzeuge auf den Straßen, 2030 sollen es mehr als doppelt so viele sein. Für die zusätzliche Motorisierung ist vor allem Asien verantwortlich. Fahr- und Flugzeuge werden ganz überwiegend mit Treibstoffen auf Ölbasis betrieben, Substitutionsmöglichkeiten gibt es bislang nur ansatzweise. Die Entwicklung und

Verbreitung neuer Elektroautos wird eher Jahrzehnte als Jahre dauern. Und auch diese Fahrzeuge müssen mit Strom betankt werden, der wiederum überwiegend durch die Verbrennung fossiler Brennstoffe (zuvörderst Steinkohle) erzeugt wird. Trotz der neuen Antriebstechnologien wird die weiter wachsende globale Fahrzeugflotte vor allem mit Öl betrieben werden. Nach IEA-Berechnungen könnte der Verbrauch im Transport bis 2030 um mehr als 50 Prozent gegenüber Mitte der 2000er Jahre steigen.

Öl ist der große Engpassfaktor im Energiegefüge. Alle übrigen Energieträger sind für die nächsten Jahrzehnte in üppiger Menge vorhanden. Gasvorkommen beispielsweise sind mehr als ausreichend, um die Nachfragesteigerungen zu befriedigen. Was allerdings auch daran liegt, dass Vorkommen des technisch aufwändig zu fördernden und zu transportierenden flüchtigen Brennstoffs bislang kaum genutzt wurden. Nun aber wird in allen Regionen der Welt, auch in Nordamerika und in China, die Förderung ausgebaut – mit der einzigen Ausnahme Westeuropas, wo sich die Nordsee-Gasfelder nach und nach erschöpfen. Russland will seine Kapazitäten um etwa 50 Prozent erhöhen. Der Nahe Osten, insbesondere Katar und Iran, soll seine Fördermengen verdreifachen; 2030 wird die Region etwa ein Fünftel des Gesamtangebots stellen, heute ist es knapp ein Zehntel. Insbesondere der Markt für Flüssiggas (LNG – *Liquid Natural Gas*), das wie Öl auf Tankschiffen transportiert wird, soll dynamisch wachsen.

Auch Kohle ist keineswegs knapp, sondern nach wie vor in großer Menge und zu niedrigen Förderkosten in vielen Ländern der Erde vorhanden. Die größten Exporteure sind Australien, Indonesien, Südafrika, Kolumbien und Russland. Allerdings ist die Verbrennung von Kohle in konventionellen Kraftwerken klimaschädlich, weil dabei große Mengen Kohlendioxid emittiert werden. Aus umweltpolitischen Motiven dürfte daher der ungebremste Ausbau der Kohleverstromung gebremst werden. Entsprechend mehr wird sich die Nachfrage auf sauberere Energieträger wie Gas, Öl oder Uran sowie auf erneuerbare Quellen (Wind, Solar, Wasser) verlagern. Mit entsprechend preistreibenden Folgen bei diesen Substituten.

Auch eine konsequente Energiesparpolitik kann die Abhängigkeit der Welt von fossilen Energieträgern nur begrenzt mindern. Die größten Einsparpotenziale gibt es in den Schwellenländern, die ja gerade erst ihre Infrastruktur aufbauen. Würden sie nicht weiter den fossilen Pfaden folgen, die vor ihnen der Westen bei seiner Entwicklung genommen hat, sondern direkt zur neuesten Technologiegeneration bei Erzeugung und Verbrauch wechseln, ließe sich sowohl die Knappheit auf den Energiemärkten lindern als auch etwas fürs Klima tun. Das gilt insbesondere für das industrielastige China, wo die größten Einsparungen möglich sind. Aber auch die reichen Länder haben diverse Möglichkeiten, weitere Einsparungen vorzunehmen. Allerdings: Dass spürbare Einsparungen eintreten, bevor die Märkte in die Nähe des Ölklemmenszenarios kommen, ist illusionär.

Energie – insbesondere saubere und sichere Energie – dürfte auf Jahrzehnte knapp und teuer bleiben. Mit weitreichenden Folgen für die Wirtschafts- und Lebensweisen – und für die Preisentwicklung.

## Wasser und Boden: Es wird eng auf der Erde

Es ist noch gar nicht lange her, da erschien die Erde den Menschen als schier unendlicher Raum. Fast menschenleere Kontinente harrten der Entdeckung und Besiedlung; die Menschheit breitete sich aus, immer auf der Suche nach offenem Land, nach fruchtbaren Äckern und den darunter liegenden Bodenschätzen. Platz war stets reichlich vorhanden. Doch jetzt füllt sich der Planet mit menschlicher Aktivität, dafür sorgen die drei Megatrends Demografie, Globalisierung und Klimawandel. Die Metropolen, Knotenpunkte der global integrierten Ökonomie, wachsen rasch; 2007 lebten erstmals mehr Menschen in Städten als auf dem Land. Auch die Nachfrage nach Acker- und Weideland steigt, weil mehr Nahrungsmittel und nachwachsende Rohstoffe gebraucht werden. Zugleich bedroht der Klimawandel nutzbare Flächen: Agrarböden werden durch sich ausbreitende Dürrezonen und Flutgebiete in Mitleidenschaft gezogen; und die dicht besiedelten Küstenstreifen werden von Überflutungen und Stürmen heimgesucht, ganze Metropolen könnten bei einem Anstieg der Meeresspiegel unbewohnbar werden.

Die Menschheit stößt an geografische Grenzen. Schließlich wird die Weltbevölkerung auch in den kommenden Jahrzehnten weiter wachsen. Im Jahr 2015 werden UNO-Projektionen zufolge 7,3 Milliarden Menschen auf der Erde leben, 2025 werden es 8 Milliarden sein, 2050 rund 9 Milliarden. Indien soll dann das größte Land der Erde sein, mit einer Bevölkerung von 1,6 Milliarden. Auch viele andere Nationen dürften bis 2050 weiter wachsen: die USA auf mehr als 400 Millionen Einwohner, Brasilien auf mehr als 250 Millionen, die Demokratische Republik Kongo auf 187 Millionen (eine Verdreifachung gegenüber 2007), Vietnam auf 200 Millionen, der Iran auf 100 Millionen. Auch einige europäische Nationen werden wegen relativ hoher Geburten- und/oder Einwanderungszahlen bis 2050 noch an Bevölkerung zulegen: die Türkei (auf 99 Millionen), Großbritannien (auf 69 Millionen), Frankreich (auf 68 Millionen), die Niederlande (auf 17 Millionen), Schweden (auf 10 Millionen), die Schweiz (auf 8,4 Millionen).

Es wird eng auf der Erde. 1950 bevölkerten 2,5 Milliarden Menschen den Planeten, ein Jahrhundert später werden es fast vier Mal so viele sein. All diese Individuen benötigen nicht nur einen Ort zum Leben und Räume, in denen sie sich bewegen können, sie brauchen auch Ackerfläche zur Erzeugung von pflanzlicher Nahrung und von Tierfutter.

Und lebensnotwendig brauchen sie Wasser. Ohne sauberes Wasser können Menschen nicht existieren. Doch viele Gesellschaften verhalten sich immer noch so, als sei es ein frei verfügbares, im Überfluss vorhandenes Gut. Und so gehen sie damit um: Flüsse, Seen und Meere werden hemmungslos verschmutzt; notwendige

Investitionen in die Wasser- und Abwasserinfrastruktur unterbleiben, insbesondere in den rasch wachsenden Metropolen der Schwellenländer. In der Landwirtschaft setzen Subventionen und Handelsbeschränkungen absurde Anreize, Wasser zu vergeuden und die Grundwasserbestände auszubeuten, etwa weil wasserintensive Ackerfrüchte wie Reis in trockenen Gegenden angebaut werden. Die Menschen werden zahlreicher, sie verbrauchen mehr Agrarprodukte, allein deshalb bedarf es eines völlig neuen Aqua-Managements.

Schon in den siebziger Jahren sorgten sich aufgeklärte Zeitgenossen wegen einer Überbevölkerung und einer resultierenden Nahrungsmittelknappheit. Doch die ganz große dramatische Zuspitzung des Hungers blieb aus, insbesondere weil neue, ertragreichere Anbaumethoden in den asiatischen Entwicklungsländern eingeführt wurden (*green revolution*). Über Jahrzehnte konnte der größte Teil der wachsenden Weltbevölkerung ernährt werden, ohne dass die Flächen nennenswert ausgeweitet wurden – dank hoher Produktivitätssteigerungen bei Ackerbau und Viehzucht. Die Erträge pro Hektar nahmen sogar so stark zu, dass die landwirtschaftlich genutzten Flächen schrumpften, um eine phasenweise einsetzende Überproduktion einzudämmen. Bemerkenswert angesichts des raschen Bevölkerungswachstums. In den USA gaben viele Farmer auf. In der EU wurden Flächen stillgelegt, Bauern erhielten Beihilfen, wenn sie ihre Produktion drosselten. Hoch subventionierte europäische Exporte überschwemmten die Weltmärkte und machten insbesondere in Afrika den Ackerbau unprofitabel. Erst 2007 setzte die EU ihr Flächenstilllegungsprogramm aus.

Aus der Ära der Agrarüberschüsse stammt auch die europäische Biospritpolitik. Statt Getreideberge und Milchseen zu produzieren, so das Kalkül, sollten die Bauern doch lieber Raps und andere Ölsaaten zum Betrieb von Dieselmotoren produzieren. Politiker und Bürokraten spekulierten auf einen schier unerschöpflichen Überfluss an Nahrungsmitteln. Die USA nahmen sich die EU-Förderung zum Vorbild – und setzen massiv auf den Ausbau der Ethanolproduktion als Benzinersatz. Für die Produktion verwenden sie vornehmlich Mais. Im Jahr 2016, so eine gemeinsame Prognose der OECD und der Welternährungsorganisation (FAO), werden die USA 13 Mal so viel Mais in Ethanol verwandeln wie im Jahr 2000.

Doch auch in den Schwellenländern ist die Nachfrage nach Agrarprodukten nachhaltig gestiegen. Die höheren Lebensstandards verändern die Essgewohnheiten. Wer mehr Geld hat, verlegt sich zunehmend auf den Konsum von tierischer Nahrung: Fleisch, immer mehr Fleisch. Vor allem die großen, sich rasch entwickelnden Schwellenländer wie Brasilien, Indien und China treiben die Nachfrage: 80 Prozent des Zuwachses, den die OECD und das Welternährungsprogramm (FAO) für die Weltfleischmärkte prognostizieren, gehen auf die zusätzliche Nachfrage aus den neuen Wohlstandszonen zurück. Auch Milchprodukte werden in den Schwellenländern stärker nachgefragt. Butter, Käse und Milchpulver sind auch dort inzwischen beliebte Lebensmittel.

Die Wohlstandssteigerungen der vergangenen Jahrzehnte haben die Ernährungslage und damit die Gesundheit vieler Menschen stark verbessert. Seit den sechziger Jahren hat in den Entwicklungsländern die Kalorienzufuhr um 31 Prozent pro Kopf und Tag zugenommen. Der Konsum an Fleisch und Milchprodukten stieg um 67 Prozent. Allerdings ist zu erwarten, dass diese Welle irgendwann abflacht. So geschah es auch in den reichen Ländern, wo der Pro-Kopf-Konsum von Fleisch und Milchprodukten seit den siebziger Jahren weitgehend konstant ist, obwohl seither die Pro-Kopf-Einkommen noch mal stark zulegten.

Doch tierische Produkte zu essen ist ein bodenintensiver Lifestyle. Mit dem steigenden Konsum von Fleisch und Milchprodukten nimmt auch der Flächenbedarf enorm zu: Mast- und Milchvieh muss gefüttert werden, nicht zuletzt mit Getreide. Und dafür braucht man Land. Es führt kein Weg daran vorbei: Wenn immer mehr Menschen höherwertige Nahrung zu sich nehmen, braucht man mehr Fläche, um sie satt zu bekommen. Entsprechend steigt die Nachfrage nach Futtermitteln, insbesondere aus Ländern mit dynamisch wachsender Fleischproduktion wie China, Indien und Argentinien. Auch Ägypten, Iran, Kolumbien und Chile führen mehr und mehr Getreide ein. Während in den Ländern mit rasch steigendem Wohlstand immer mehr Feldfrüchte an Tiere verfüttert werden, ist Reis nach wie vor das Grundnahrungsmittel der Armen. Die Nachfrage nach Weizen und Futtermitteln steigt typischerweise mit zunehmendem Wohlstand – der Konsum von Reis hingegen nimmt mit dem Wachstum der Bevölkerung zu, gerade in den armen Ländern. Dies ist insbesondere in Afrika der Fall, dem Kontinent mit dem nach wie vor höchsten Bevölkerungswachstum.

Immer mehr Menschen wollen besser essen und mobiler werden. Eine Folge: Sie dehnen ihre Siedlungsräume aus – auf Kosten der Wälder. Jährlich werden rund 13 Millionen Hektar durch Abholzungen und Brandrodungen vernichtet – um Platz zu schaffen für die Landwirtschaft, für Straßen und Bahnlinien, für Siedlungen. Auch um den Rohstoff Holz auszubeuten. Die Treiber dieser Entwicklung: eine wachsende Bevölkerung, die rasche Industrialisierung und die Intensivierung der Landwirtschaft, die gerade in den tropischen Regionen Lateinamerikas, Asiens und Afrikas den Wäldern zusetzt.

Die Abholzung der Wälder ist ökologisch hochproblematisch. Die 3,9 Milliarden Hektar Baumbiotop, 30 Prozent der Landfläche der Erde, speichern Kohlendioxid und verlangsamen so den Treibhauseffekt. Andererseits setzt das Niederbrennen von Wäldern große Mengen Kohlendioxid frei. Zudem sind die tropischen Regenwälder zentrale Funktionsträger für den Wasserhaushalt der Erde.

Doch dem Druck einer wachsenden Bevölkerung lässt sich wenig entgegensetzen. Inzwischen sind die Preise für Agrarprodukte weltweit gestiegen, und internationale Experten sagen für viele Güter weitere rapide Steigerungen voraus. Folglich zieht auch der Wert von Ackerland an. Boden wird knapp, begehrt und teuer.

Und dies ist erst der Anfang. Wir sind Zeitzeugen einer radikalen Trendwende. Jahrzehntelang gab es im Großen und Ganzen einen Überschuss an Land. Agrarprodukte unterlagen einem scheinbar unaufhaltsamen Preisverfall. Deshalb wurden in den reichen Ländern, vor allem in Europa, Flächen aus dem Verkehr gezogen: brach gelegt, extensiv genutzt, aufgeforstet. In den Entwicklungsländern wiederum blieben Äcker unbewirtschaftet, weil Produktionsüberschüsse des Westens, vor allem der EU, so billig auf den Weltmarkt gekippt oder gar umsonst als Nahrungsmittelhilfe abgegeben wurden, dass sich ein Anbau vor Ort gar nicht mehr lohnte. Auch der zusätzliche Bedarf an Siedlungsfläche war überschaubar: In den reichen Ländern leisteten sich mit zunehmendem Wohlstand die Menschen größere Wohnungen, aber da die Bevölkerungen nur noch langsam wuchsen, hielt sich die Raumnot, von zeitweiligen lokalen Engpässen abgesehen, in Grenzen. In den Ballungsräumen zogen besserverdienende Bürger ins Umland, niedrige Transportkosten machten es möglich. In den Entwicklungsländern wiederum stieg die Zahl der Einwohner zwar dramatisch an, aber die Armut der Menschen dort verhinderte, dass der zusätzliche Bedarf an Wohnraum sich in einem massiven Anstieg der effektiven Nachfrage niederschlug.

Nun wird Boden knapp. Nicht nur weil steigender Wohlstand und wachsende Bevölkerungen in den Schwellenländern einen größeren Platzbedarf entwickeln. Auch weil der Klimawandel die Bodenqualität beeinträchtigt. Bereits seit einigen Jahren ist die Produktion von nachwachsenden Kraftstoffen deutlich angezogen – eine Reaktion auf den Klimawandel (und auf die Abhängigkeit von teurem Öl). Künftig werden mehr und mehr Anbauflächen durch Trockenheit und Hitze verloren gehen. Und das vermehrte Auftreten desaströser Stürme und Sturmfluten wird künftig dicht besiedelte Küstenregionen bedrohen; womöglich werden ganze Stadtviertel einiger Megacitys unbewohnbar.

Das Zusammenwirken von Bevölkerungswachstum und verbesserter Ernährung in den Schwellenländern auf der einen Seite und der anziehenden Biospritproduktion auf der anderen Seite, hat die Agrarmärkte weltweit durcheinander gewirbelt. Aus einer stagnierenden Branche, die über lange Phasen von einer Tendenz zum Preisverfall geplagt wurde, ist ein dynamisch wachsender Markt mit Zukunftspotenzial geworden.

Mais, Weizen, Zucker, Raps – bislang langweilige Überschussprodukte sind plötzlich gefragt. Die Preise sind Mitte der ersten Dekade des 21. Jahrhunderts förmlich explodiert, nicht nur durch die gestiegene Nachfrage, sondern auch durch wetterbedingt schlechte Ernten in den wichtigen Anbauländern USA, EU, Kanada, Russland, Ukraine und vor allem Australien, wo die Produktionsausfälle mehr als 50 Prozent betrugen. Die Agrarmärkte sind in Bewegung, weil die Nachfrage für die absehbare Zukunft weiterhin kräftig steigen wird, womöglich schneller als das Angebot.

Und die neuen Knappheitsverhältnisse verursachen Anpassungen rund um den Globus: Immer mehr Flächen werden für den Getreideanbau genutzt. In Australien, Kanada und den USA werden andere Pflanzen durch die Produktion der nun wertvolleren Feldfrüchte Mais und Weizen verdrängt. In der EU werden Äcker, die zuvor stillgelegt wurden, um – gegen Subventionszahlung – die Agrarüberschüsse zu vermindern, wieder genutzt. In Brasilien und Argentinien werden Weiden in Ackerland umgewandelt. Wo bislang Rinder in extensiver Haltung grasten, werden künftig Ölsaaten angebaut. Mit jährlichen Outputsteigerungen von knapp 4 Prozent entwickelt sich Brasilien zur größten Ölsaatenquelle der Welt, noch größer als der bisherige Spitzenproduzent USA.

Auch in Afrika werden die Anbauflächen ausgeweitet. Internationale Biospritkonzerne erschließen Flächen südlich der Sahara. Sie versuchen, selbst bürgerkriegsverwüstete Länder wie den Kongo, das frühere Zaire, zu Biospritproduzenten heranzuziehen. Chinesen und reiche Golf-Araber kaufen in Afrika in großem Stil Ackerland auf. Schon ist von einem neuen Agrokolonialismus die Rede, von einer »neuen Landnahme«, in deren Folge die Produktivität zwar enorm gesteigert wird, die lokale Bevölkerung aber übervorteilt werde, sodass sie am Ende womöglich schlechter dastehe als zuvor.

Eigentlich ist es bemerkenswert, dass Ackerland erst jetzt zu einem knappen Faktor wird. Schließlich ist die Menschheit in den vergangenen Jahren extrem schnell gewachsen. Seit den sechziger Jahren hat sich die Weltbevölkerung verdoppelt. Im gleichen Zeitraum ist das weltweit genutzte Agrarland nur um 10 Prozent gestiegen. Und das bei einer im weltweiten Schnitt deutlich verbesserten Ernährungslage. Das starke Wachstum der Weltbevölkerung einerseits und das moderate Wachstum der Agrarfläche andererseits haben einen logischen Effekt: Die Ausdehnung des Bodens, der pro Kopf der Weltbevölkerung zur Verfügung steht, sinkt. Die reiche Länder können pro Einwohnern mit etwa einem halben Hektar rechnen, die Entwicklungsländer mit etwa 0,2 Hektar – rund 50 Prozent weniger als 1960. Diese Entwicklung zeigt eindrucksvoll, welche Auswirkungen die Produktivitätsrevolution in der Landwirtschaft gehabt hat. Immer ertragreichere Sorten, immer ausgeklügeltere Technik, immer effizientere Methoden, immer gezieltere Düngungen und Pflanzenschutzmaßnahmen, immer größere, finanzstarke Betriebe – all das hat dazu geführt, dass die Bauern bislang mit der Nachfrage einer rasch wachsenden Weltbevölkerung mithalten konnten.

Doch diese Phase scheint nun zu Ende zu gehen. Die Globalisierung erhöht sprunghaft die Lebensstandards in den Entwicklungsländern und damit die Nachfrage nach höherwertigem Essen. Rohstoffe (wie Öl) sind teurer geworden, Bauern springen in die Bresche mit Feldfrüchten (wie Mais). Wie kann die Welt auf die rasch steigenden Bedürfnisse reagieren? Sicher, mit einer Ausweitung der Flächen. Doch fruchtbarer, ausreichend feuchter Boden ist knapp. Viele zusätzliche Anbauflächen werden deshalb vergleichsweise ertragsschwach bleiben; eben wegen ihrer niedrigen Produktivität wurden solche »Grenzflächen« ja bislang nicht beackert. Und für eine intensivere Bewirtschaftung braucht man Wasser, in vielen Weltgegenden künstliche Bewässerungssysteme.

Doch auch Wasser wird knapp – durch Über- und Fehlnutzung, durch Klimaveränderungen, durch mangelhafte Infrastruktur. Die flexible Ausweitung der Agrarproduktion ist daher keine leichte Übung. Boden, bislang in großer Menge vorhanden, wird zum Engpassfaktor – weil die Bevölkerung gerade in den Städten wächst, weil die Nachfrage nach Agrarprodukten stark steigt und weil gleichzeitig durch den Klimawandel Flächen nicht mehr (zumindest nicht mehr so intensiv) genutzt werden können. Daraus ergeben sich mehrere Schlussfolgerungen:

*Die Preise werden steigen.* Boden und Ackerprodukte werden knapper und tendenziell teurer. Sie begrenzen die Wachstumsmöglichkeiten und schüren potenziell die Inflation. Die wachsenden Großstädte, zumal in den Schwellenländern, werden mutmaßlich auf Jahrzehnte eine stark steigende Nachfrage nach Immobilien verzeichnen. Ein Umfeld, das immer wieder den irrationalen Überschwang von Investoren beflügeln wird: Immobilienpreisblasen, wie sie Japan Ende der achtziger Jahre und die USA sowie viele europäische Länder (Deutschland nicht) in denn 2000er Jahren erlebt haben, dürften weiterhin die Immobilienszene bestimmen. Zumal wenn die Notenbanken weiterhin Asset-Preisblasen ignorieren, wie sie das in den vergangenen Jahrzehnten getan haben. Ob herrschende Preisniveaus gerechtfertigt sind, wird deshalb stark von der jeweiligen Marktentwicklung abhängen. Nicht zu jedem Zeitpunkt sind Investments günstig bewertet. Und nicht an jedem Ort: In Entleerungsgebieten, gerade in schrumpfenden Nationen wie Deutschland, könnten Immobilienmärkte komplett zusammenbrechen.

*Die Städte werden immer stärker verdichtet.* Große Nachfrage und hohe Preise werden dazu führen, dass die Flächennutzung in den Städten noch intensiver wird. In den vergangenen Jahrzehnten war in den reichen Nationen eine Tendenz zur Suburbanisierung sichtbar – die Städte dehnten sich ins Umland aus, die Flächen wurden eher weniger intensiv genutzt. Dieser Prozess wird sich in Ländern mit wachsender Bevölkerung verlangsamen, auch durch steigende Pendelkosten. In schrumpfenden Bevölkerungen wie der deutschen wird er sich vielerorts umkehren: Die Suburbanisierung wird ein Stück weit zurückgedreht, der Wohlstandsgürtel um die Städte schrumpft.

*Die Zukunft gehört den Power-Bauern.* In der Landwirtschaft wird es nur noch um das eine gehen: um höhere Produktivität. Schonende, aber ertragsschwache Ökolandwirtschaft wird ein teurer Luxus werden. Die staatliche Förderung der ökologischen Landwirtschaft, in einigen EU-Ländern bislang politisch unantastbar, ist eine Politik, die unter den Bedingungen der Energie- und Nahrungsmittelknappheit keinen Bestand haben wird. Nicht nur ökonomische, auch ethische Gründe sprechen gegen eine Vergeudung von Ressourcen durch absichtlich ertragsschwache Produktionsweisen. Erwägungen, die unter den Bedingungen des Überflusses, der Milchseen, der Getreideeinlagerung und der Butterberge ihre Berechtigung hatten, werden in der Ära der Knappheit keine Rolle mehr spielen können.

*Die Welt braucht dringend einen Agrofreihandel.* Die über Jahrzehnte fallenden Preise haben die reichen Länder dazu bewogen, ihre Bauern mittels Subventionen und Importbeschränkungen gegenüber dem Wettbewerb aus anderen Ländern zu schützen, zumal aus solchen Ländern, die dank besserer natürlicher Voraussetzungen günstiger produzieren können. In der beginnenden Phase hoher Agrarpreise gibt es für eine solche Politik keine Rechtfertigung mehr. Im Gegenteil, die Öffnung der Agrarmärkte ist eine der Lösungen für die kommende Ära. Internationaler Handel gleicht temporäre Engpässe aus; Missernten durch Dürren und Unwetter, wie sie in Folge des Klimawandels häufiger werden, lassen sich bei offenen Grenzen leichter verkraften. Freier Handel hilft, die Agroproduktivität weiter zu steigern: Wo nicht mehr die nationale Selbstversorgung das politische Ziel ist, lässt sich mehr Spezialisierung erreichen, je nach Klima- und Bodenbedingungen, mit entsprechend größeren Erträgen und, womöglich, geringerem Einsatz von Dünger und Pflanzenschutzmitteln.

Mit anderen Worten: Bevor sich die Bodennutzung grundlegend verändert hat, muss die Welt eine langwierige Transformationsphase durchlaufen. Was für die Energiemärkte gilt, erweist sich auch für die Agroproduktion als beste Zukunftsschätzung: Es wird Jahre, wenn nicht Jahrzehnte dauern, bis sich das Angebot an die gestiegene Nachfrage angepasst hat. Bis dahin wird jede Missernte Preisexplosionen zur Folge haben – und die Inflationsraten in die Höhe schnellen lassen.

### Knappheit an Köpfen: Engpassfaktor Mensch

Seuchen, Kriege, blutige Revolutionen – immer wieder hat es in der Menschheitsgeschichte grausame Katastrophen gegeben, die die Zahl der Erdbevölkerung verminderten. Schlimme Erfahrungen für die jeweiligen Zeitgenossen, gewiss. Aber diese Ereignisse stellten keinen Bruch des Trends zu einer langfristig wachsenden Bevölkerung dar. Jetzt tritt die Menschheit in eine neue Phase, die es in dieser Form noch nicht gab: die demografische Wende. Menschen im leistungsfähigsten Alter werden knapp, während die Weltbevölkerung absolut noch wächst. Beginnend in Mittel- und Osteuropa verändert sich die Alterszusammensetzung der Gesellschaften. Und es sieht so aus, als sei die Entwicklung von Dauer, weil die Menschen weniger Kinder bekommen und parallel dazu die Lebenserwartung steigt. Eine solche Konstellation ist eine historisch neue Erfahrung.

Unter den großen, reichen Staaten sind Japan und Deutschland die ersten, die den Übergang zu dieser neuen Ära meistern müssen. Bereits im Aufschwung ab 2005 stellte die deutsche Wirtschaft fest, dass der Mangel an passend qualifizierten Fachleuten, vor allem an technisch-naturwissenschaftlichen ausgebildeten Akademikern, das Wachstum bremst. Zu dumm zum Wachsen? In zunehmend technisierten, intellektualisierten und globalisierten Volkswirtschaften sind hochproduktive Menschen der Engpassfaktor der wirtschaftlichen Entwicklung. Die demografische Entwicklung und die langjährigen Versäumnisse in der Bildungspolitik verstärken wechselseitig die Knappheit an Köpfen. In den kommenden Jahren und Jahrzehnten droht sich das Arbeitsangebot weiter zu verengen: In der Bundesrepublik wird den Prognosen zufolge die Einwohnerzahl in den kommenden beiden Jahrzehnten zurückgehen, wenn auch nur in geringem Umfang, sodass bis 2025 die Bevölkerungszahl um lediglich zwei Millionen sinkt. Danach allerdings beschleunigt sich die Schrumpfung der Nation rapide, sodass 2050 nur noch 74 Millionen Menschen in Deutschland leben dürften, acht Millionen oder 10 Prozent weniger als heute.

Noch schneller bricht die demografische Woge in Japan, wo bereits bald deutliche Rückgänge spürbar sein werden. Bis 2050 wird Japan 25 Millionen Einwohner verlieren – 20 Prozent der Bevölkerung. Einigen Staaten des vormaligen Einflussgebiets der Sowjetunion steht geradezu eine demografische Implosion bevor. Die Ukraine und Bulgarien werden bis 2050 ein Drittel ihrer Einwohnerzahl verlieren, Russland und Rumänien ein Viertel, Polen und die baltischen Staaten ein Fünftel, Ungarn, Tschechien und die Slowakei ein Siebtel.

Global gesehen vollzieht sich die künftige Entwicklung so: Nord- und Südamerika, große Teile Asiens, vor allem aber Afrikas werden weiter an Bevölkerung wachsen. In Westeuropa ist das Bevölkerungswachstum nahezu zum Erliegen gekommen. In Mitteleuropa inklusive Deutschland schrumpfen die Einwohnerzahlen bereits heute leicht. In Osteuropa gehen sie dramatisch zurück. Und auch viele heute noch dynamisch wachsende Nationen werden in den kommenden Jahrzehnten in einen Schrumpfungsprozess übergehen: Es sind so unterschiedliche Länder wie China, Thailand, Sri Lanka, Südkorea, Kuba, Spanien, Italien, Belgien oder Österreich. Dort steigen die Bevölkerungszahlen zwar noch mit geringen Raten, im dritten und vierten Jahrzehnt dieses Jahrhunderts aber wird der Rückgang einsetzen.

Es ist ein globaler Trend: Weltweit sinkt die Wachstumsrate der Bevölkerung, während die Lebenserwartung steigt. Die Erdbewohnerschaft schrumpft zwar noch nicht, aber ihr Altersdurchschnitt steigt. Eine relative Knappheit an Menschen setzt ein. Das heißt: Der Bevölkerungsanteil der mittleren Altersgruppe schrumpft. Ein immer kleinerer Prozentsatz Mittelalter muss einen immer größeren Anteil an Älteren und Hochbetagten versorgen. Es tut sich ein eklatanter Mangel an Menschen im produktivsten Alter auf. Die Auswirkungen auf das Potenzialwachstum sind gravierend. Entsprechend steigen die Inflationsgefahren. Volkswirtschaften erreichen nun eher ihre Überhitzungsschwelle – die Produktionskapazitäten sind schneller ausgeschöpft als in Gesellschaften mit einer großen Reserve an jungen, aufstiegswilligen Arbeitern.

Schließlich fällt Wachstum nicht wie Manna vom Himmel. Nach gängiger Lehre resultiert es aus der Arbeit von Menschen und der Ansammlung von Kapital (Maschinen, Computer, Software, Wissen et cetera) sowie aus der Steigerung der Produktivität, mit der sie zu Werke gehen. All diese Faktoren werden durch die demografische Entwicklung tangiert, und zwar mutmaßlich negativ. Der Anteil der Menschen, die arbeiten können, schrumpft. Und je älter sie im Durchschnitt sind, desto niedriger dürfte ihre Produktion von neuem Wissen und ihre Produktivität sein, so jedenfalls bisherige Erfahrung. Auch die Kapitalausstattung ist demografieanfällig: Je älter eine Gesellschaft ist, desto weniger dürfte sie investieren, weil sie mehr Geld für den Konsum im Ruhestand braucht. Überhaupt liegt der Verdacht nahe, dass alte Volkswirtschaften als Investitionsstandorte nicht sonderlich attraktiv sein werden.

Die Kopfknappheit dämpft den ökonomischen Entwicklungsprozess also von mehreren Seiten. Die ersten Gesellschaften, die dies zu spüren bekommen, werden Japan und Europa und hier insbesondere Deutschland sein. Wie gerade beschrieben, altern die Gesellschaften schneller, als dass sie schrumpfen, weshalb die Bevölkerungsanteile der mittleren, leistungsfähigsten Altersgruppe zurückgehen. Ökonomisch relevant ist deshalb nicht die Frage: Wie viele Leute sind im arbeitsfähigen Alter? Sondern: Wie viele Leute arbeiten? Und wie gut qualifiziert sind sie?

In den meisten europäischen Volkswirtschaften ist der arbeitende Teil der Bevölkerung relativ klein – und das heißt: noch steigerungsfähig. Derzeit arbeiten lediglich 65 Prozent EU-Europäer im erwerbsfähigen Alter, das nach heutigen Maßstäben zwischen 15 und 64 Jahren liegt. Insbesondere unter den Älteren und den Frauen arbeiten bislang relativ wenige, allerdings steigen die Erwerbsquoten allmählich an. Die Europäische Kommission geht davon aus, dass die EU-durchschnittliche Erwerbsquote auf 71 Prozent steigen wird. Eine moderate Annahme: In Schweden oder Dänemark liegt der Anteil der Arbeitenden schon heute höher. Gelänge es, die Erwerbstätigkeit in ganz Europa auf heutiges skandinavisches Niveau zu hieven, und zögerte man den Renteneintritt über das 65. Lebensjahr hinaus, ließe sich die demografiebedingte Dämpfung der wirtschaftlichen Entwicklung mildern. Voraussetzungen wären stärkere Beschäftigungsanreize in den Sozialsystemen, eine Liberalisierung des Arbeitsmarkts und, nicht zuletzt, erheblich höhere Bildungsanstrengungen. Selbst wenn die vorsichtigen Annahmen der EU-Kommission eintreten, wird die Beschäftigung in den meisten Mitgliedstaaten bis weit ins nächste Jahrzehnt hinein steigen. Deutschland zum Beispiel erreicht das Maximum an Beschäftigung im Jahr 2015, die EU als Ganzes 2017. In den folgenden drei Jahrzehnten bis 2050 geht die Beschäftigung dann aber in vielen Ländern rapide zurück.

Sogar die USA, obwohl immer noch eine deutlich wachsende Nation, spüren bereits heute die Folgen der relativen Kopfknappheit. Die große Altersgruppe der Babyboomer beginnt, sich in den Ruhestand zu verabschieden; da in Amerika der Babyboom nach dem Zweiten Weltkrieg früher begann als in Westeuropa, ist die Alterung dort bereits weiter fortgeschritten, wenn auch längst nicht so stark ausgeprägt. Jetzt sind die geburtenstärksten Jahrgänge jenseits der 50 und fahren allmählich ihr Arbeitsangebot zurück. In den nachfolgenden Jahrgängen indes sind die Erwerbsquoten geringer, wie eine Studie der US-Federal Reserve Bank zeigt. Die Folge ist ein allmähliches Absinken der Erwerbsbeteiligung, die bislang in den USA sehr hoch liegt.

Während auf der einen Seite die demografische Wende das Angebot an Arbeitskräften verknappt, steigt auf der anderen Seite der Bedarf an Hochqualifizierten. Denn die Weltwirtschaft durchläuft einen Prozess des ökonomischen Upgradings: Unternehmen und ganze Nationen bemühen sich, die Produktivitätsleiter emporzusteigen – indem sie mehr und mehr auf den ultimativen Produktionsfaktor zurückgreifen: Geist. Aber eben daran herrscht eine fundamentale Knappheit; Topqualifizierte, Kreative, Innovative lassen sich eben nicht einfach in Wissensvermittlungsfabriken backen.

Die relative globale Knappheit an Geist resultiert aus dem bisherigen Verlauf der weltwirtschaftlichen Integration. Volkswirtschaften mit einem, gemessen am Westen, enormen Entwicklungsrückstand haben sich in die internationale Arbeitsteilung eingeordnet. Zollschranken wurden eingerissen, Verkehrs- und Kommunikationswege, Geschäfts- und Produktionsbeziehungen aufgebaut. Es begann in den achtziger Jahren des 20. Jahrhunderts, zunächst ganz langsam, dann immer schneller. Aus Selbstversorgernationen wurden exportierende Volkswirtschaften – aus chinesischen Bauern wurden Industriearbeiter, aus indischen Gelegenheitsarbeitern wurden Callcenter-Agents. Ökonomen nennen eine solche Entwicklung »Angebotsschock«, eine plötzliche, unvorhergesehene Veränderung der Marktbedingungen. Seit 1980 hat sich das globale Arbeitsangebot nach Berechnungen des Internationalen Währungsfonds vervierfacht. Tendenz: wachsend, und zwar immer schneller. Es ist nur so: Fast die gesamte Steigerung des globalen Arbeitsangebots setzt sich aus gering qualifizierten Personen zusammen. Während ihre Zahl zwischen 1980 und 2005 um den Faktor 3,5 stieg, nahm die Zahl von Hochqualifizierten nur um 50 Prozent zu, und zwar vornehmlich in den reichen Ländern. Auch Letzteres ist ein beachtlicher Zuwachs – aber relativ zur reinen menschlichen Arbeitskraft ist das geistige Potenzial der Weltwirtschaft zurückgeblieben.

Dass die Newcomer-Nationen sich bislang darauf konzentriert haben, den reichen Volkswirtschaften nachzueifern, ist logisch und verständlich. Zum einen waren es bislang globale Konzerne aus den reichen Ländern, die die Globalisierung vorantrieben. Sie nutzten und nutzen die gigantischen Lohnunterschiede – chinesische Löhne lagen auch Mitte der 2000er Jahre noch bei nur 15 Prozent des US-Niveaus (umgerechnet zu Kaufkraftparitäten) – und ordneten ihre Wertschöpfungsketten neu. Tätigkeiten, die einen hohen Arbeitsaufwand erfordern, wurden in billigere Länder ausgelagert, wo neue Produktionskapazitäten aufgebaut wurden. So kommt es zu einer Ausweitung der Quantität, aber nicht zur Herstellung von qualitativ Neuem.

Die Reservearmee von Arbeitern in den Schwellenländern ist schier unbegrenzt. Weitere Milliarden von Menschen stehen bereit, ihre Arbeitskraft anzubieten und sich in die Weltmärkte zu integrieren. Umso drängender wird der globale Mangel an Geist. Um dieser Abwärtsspirale zu entrinnen, verschiebt sich der globale Wettbewerb auf ein anderes Spielfeld: Die Welt rüstet intellektuell auf. Die Nachfrage nach gut ausgebildeten Hochqualifizierten wird in den kommenden Jahren und Jahrzehnten weiter steigen. Anhaltende Engpässe tun sich auf, gerade in Deutschland, wo seit den frühen neunziger Jahren deutlich zu wenig Ingenieure und Naturwissenschaftler ausgebildet worden sind.

Die Verknappung an leistungsfähigen Menschen wiederum hat Rückwirkungen auf die ohnehin äußerst angespannten Staatshaushalte (siehe Kapitel 3). Zum einen, weil mehr Leute durch die staatlichen Versorgungssysteme – Rente, Gesundheitssystem, Pflege – unterstützt werden müssen. Zum anderen, weil dieser großen Zahl von dann Älteren nur noch relativ wenige Einzahler gegenüberstehen. In Westeuropa wird sich der »Altersquotient« – das Verhältnis der über 64-Jährigen zu den 15–64-Jährigen – in den kommenden Jahrzehnten etwa verdoppeln: von Werten um die 25 Prozent auf rund 50 Prozent. Mit anderen Worten: Die demografische Last, die auf der jeweils arbeitenden Generation liegt, wird sich verdoppeln. Entsprechend wird, falls sich an den heutigen Strukturen der öffentlichen Haushalte nichts Grundlegendes ändert, sowohl die Einnahme- als auch die Ausgabenseite der staatlichen Haushalte durch die relative Menschenknappheit belastet.

Auf der Einnahmeseite werden die drei wichtigsten Kategorien laufender Staatseinnahmen – Steuern auf Einkommen und Ertrag, Verbrauchsteuern sowie Abgaben für die sozialen Sicherungssysteme – betroffen sein. Dies liegt zum einen am nachlassenden Wirtschaftswachstum, mehr noch an der sinkenden Zahl Beschäftigter. Derzeit lasten die Staatseinnahmen vorwiegend auf der jeweils erwerbstätigen Generation. Sie finanziert die sozialen Sicherungssysteme über ihre Beiträge und zahlt den Großteil der Einkommensteuer. Je höher jedoch der Anteil der Menschen ist, der nicht (mehr) arbeitet, desto mehr geraten die Staatseinnahmen unter Druck. Umso schwieriger wird es, die hohen Staatsschulden in den kommenden Jahren und Jahrzehnten zu finanzieren.

Da die Defizite und die aufgelaufenen Schulden rasch weiter steigen, liegt die Vermutung nahe, dass die Regierungen eben das tun werden, was Staaten schon seit alters her getan haben, wenn die fiskalische Situation allzu eng wurde: Geld drucken. Die steigenden Ansprüche alternder Gesellschaften an die Staatshaushalte verschärfen die Finanzprobleme und verstärken damit die Versuchung, sich in die Inflation zu flüchten. Schon eine schleichende Geldentwertung von, sagen wir, 3 bis 4 Prozent im Jahr – statt wie in der Vergangenheit 2 bis 3 Prozent – würde Ansprüche der Bürger auf kaltem Wege entwerten. Rentnern zum Beispiel wird in vielen Ländern kein Kaufkraftausgleich mehr zugesichert, sodass bei steigenden Inflationsraten die realen Ansprüche an die staatlichen Versicherungssysteme sinken. Auf der anderen Seite hätten die Finanzminister bei höheren Raten der Geldentwertung mehr Geld in der Kasse: Bei steigenden Preisen und Einkommen nimmt der Staat mehr ein, nicht zuletzt, weil nominal höhere Einkommen mit höheren Steuersätzen belegt werden. Obwohl die Bürger sich für ihr Geld gar nicht mehr kaufen können, werden sie bei progressiver Einkommensteuer höher besteuert (»kalte Progression«). Die Versuchung, mehr Inflation zuzulassen, ist also groß.

Ein Fazit? In den vergangenen Jahrzehnten waren zwei Entwicklungen wirksam, die inflationsdämpfend wirkten: Die Preise für Energie und Nahrungsmittel waren seit den achtziger Jahren des 20. Jahrhunderts im historischen Vergleich niedrig. Und die demografische Entwicklung der westlichen Gesellschaften durchlief eine äußerst günstige Phase; in Europa und Nordamerika stieg der Anteil von Menschen im produktivsten Alter. Beide Entwicklungen kehren sich derzeit um: Die Rohstoffmärkte werden enger. Und das Angebot Hochqualifizierter sinkt in den reichen Volkswirtschaften. Beide Faktoren begrenzen das Wachstum, zumindest für eine ausgedehnte Übergangzeit, bis die Menschen die Wirtschaftsstrukturen an die neuen Bedingungen angepasst haben und womöglich ein erneuter Innovationsschub einsetzt; dazu mehr im folgenden Kapitel. Zunächst aber wirken beide Faktoren auf absehbare Zeit wachstumsdämpfend. Und das heißt: Zu den ohnehin stark gestiegenen Belastungen infolge der Finanzkrise treten fundamentale Knappheiten an Rohstoffen und Menschen hinzu. Eine weitere Verschärfung der gesamtwirtschaftlichen Rahmenbedingungen. Ein niedrigerer Wachstumspfad bedeutet aber, dass die Staatseinnahmen empfindlich zurückgehen und dass folglich die Staatsschulden umso schwieriger zu bedienen sein werden.

Letzter Ausweg Inflation? Jedenfalls wird ein Kurs der Geldwertstabilität umso schwieriger durchsetzbar.

## Kapitel 6

# Die Krise nach der Krise

## Warum die Wirtschaft ein neues Paradigma braucht

Von Milton Friedman, dem großen libertären Ökonomen und Begründer der monetaristischen Denkschule, ist ein Satz überliefert, der jahrzehntelang häufig zitiert wurde, aber in den vergangenen Jahren bezeichnenderweise aus der Mode gekommen ist: »Inflation ist immer und überall ein monetäres Phänomen.« Das heißt: Wenn die Preise dauerhaft auf breiter Front steigen, dann liegt das nicht an normalen Marktprozessen – sondern daran, dass zu viel Geld im Umlauf ist. Inflation resultiert folglich aus einem Staatsversagen: Die staatliche Notenbank flutet die Wirtschaft übermäßig mit Cash. Banken, Bürger und Unternehmen haben zu viel Geld in den Händen, das sie ausgeben und das ab einem bestimmten Punkt die Preise von Konsumgütern, von Investitionsgütern, von Rohstoffen, von Vermögenswerten in die Höhe treibt. So gesehen haben wir es mit einem großen, globalen Staatsversagen zu tun.

Von Mitte der neunziger Jahre bis zum Ausbruch der Finanzkrise hat sich die weltweite »Überschussliquidität« – das Verhältnis der Geldmenge (in enger Definition) zum Sozialprodukt – in den reichen Volkswirtschaften um mehr als 40 Prozent erhöht, wie die Investmentbank Morgan Stanley ausgerechnet hat. In den großen Schwellenländern war die Geldmengenexplosion noch ausgeprägter: Dort stieg die Relation um mehr als 50 Prozent. Wer glaubt, die Krise sei ein reinigendes Gewitter gewesen, der täuscht sich. Im Gegenteil: Die Notprogramme der Zentralbanken haben die globale Überschussliquidität noch mal deutlich erhöht: um rund 10 Prozentpunkte. All dieses Geld ist da draußen unterwegs. Es droht sich Bahn zu brechen: durch weitere Blasen an den Börsen und den Immobilienmärkten, durch überhitzte Märkte und steigende Preise.

Während ich dies im Herbst 2009 schreibe, sind diese Effekte bereits sichtbar: In China baut sich eine Blase auf, die Investitionsquote ist auf 45 Prozent gestiegen – fast jeder zweite Yuan, der erwirtschaftet wird, fließt in Maschinen, Straßen oder Gebäude. Die Verschuldung steigt und die Zahl der faulen Kredite in den Büchern der Banken nimmt bedrohlich zu. Die Börse in Schanghai hat im ersten Halbjahr 100 Prozent zugelegt, die Häuserpreise heben ab, obwohl viele Immobilien leer stehen. Auch die Notierungen an den westlichen Börsen haben im Herbst 2009 bereits wieder Niveaus erreicht, die sich kaum mit gestiegenen Gewinnerwartungen rechtfertigen lassen, sondern die vor allem eines sind: inflationär.

»Here we go again«, sagt William White, der frühere Chefökonom der Bank für Internationalen Zahlungsausgleich (BIZ), mit dem ich kürzlich ein längeres Gespräch führte. Wie Mitte der 2000er Jahre sind derzeit, während ich dies schreibe, schon wieder die ersten Anzeichen von Inflation zu erkennen. Die Rohstoffpreise ziehen empfindlich an. Kupfer beispielsweise scheint erneut auf dem Weg zu den Höchstpreisen vom Frühjahr 2008 zu sein. »All das ist zutiefst beunruhigend«, findet White. Auszüge aus einem Gespräch vom Herbst 2009:

*Wir sind im dritten Jahr der Finanzkrise. Wie fällt Ihr Urteil über die Politik der Regierungen und Notenbanken aus?*

*White*: Ganz generell: Viele Antikrisenmaßnahmen der Regierungen haben die Zukunftsaussichten weiter verschlechtert.

*Das müssen Sie erklären.*

*White*: Sehen Sie sich doch um! Die Regierungen konservieren die alten Wirtschaftsstrukturen – sie erhalten Überkapazitäten, beispielsweise in der Autobranche. Oder nehmen Sie die Notenbanken: Ich bin sehr beunruhigt wegen der sehr niedrigen Zinsen. Die werden noch eine Menge Probleme verursachen. Oder nehmen Sie die Finanzbranche: Vor der Krise waren Banken zu groß und zu komplex, als dass man sie hätte pleite gehen lassen können. Nun sind die überlebenden Institute noch viel größer und komplexer! Oder nehmen Sie die gegenwärtige Finanzpolitik, die Staatshaushalten in Zukunft praktisch keine Spielräume mehr lässt. Wohin führt all das?

*Das frage ich Sie!*

*White*: Ich würde mir auch eine nachhaltige Erholung der Weltwirtschaft wünschen, aber ich halte es für wahrscheinlicher, dass es nach einem kurzen Aufschwung zu einer erneuten Rezession kommt.

*Warum? Weil sich in Asien gerade der nächste Crash aufbaut?*

*White*: Es ist reichlich irreal, was da abläuft. Ich befürchte, dass sich dort die Entwicklung wiederholt, die sich in vielen westlichen Ländern in den vergangenen Jahren abgespielt hat – zuerst ein von extrem niedrigen Zinsen und hohen Staatsausgaben angetriebener Boom, der irgendwann in einen großen, hässlichen Crash mündet.

*Regierungen und Notenbanken begreifen die Krise als Nachfrageproblem. Sie versuchen, die plötzlich weggebrochene private Nachfrage abzufedern, um einen vollkommenen Zusammenbruch wie in den dreißiger Jahren zu verhindern. Alles falsch?*

*White*: Wir haben nicht nur ein Nachfrageproblem, wir haben auch ein fundamentales angebotsseitiges Problem. Durch die Blasen hatten wir für so lange Zeit eine übermäßige Nachfrage, dass die Angebotsseite der Volkswirtschaften deformiert wurde.

*Was heißt das? Der Finanzsektor ist zu groß?*

*White*: Mehr als das. Auch die Autoindustrie, der Maschinenbau, der Einzelhandel, die Bauwirtschaft – viele Sektoren wurden in der Zeit extrem niedriger Zinsen übermäßig aufgebläht. Wobei die Bedingungen in den unterschiedlichen Ländern stark differieren: In Defizitländern wie den USA, Großbritannien oder Spanien sind vor allem die Finanzbranche und die Sektoren, die nichthandelbare Produkte herstellen wie die Bauindustrie, viel zu groß. In den Überschussländern wie Deutschland, China oder Japan hingegen sind die exportstarken Industrien wie Auto und Maschinenbau stark gewachsen – aber die Leute in den Defizitländern können sich all die Sachen nicht mehr leisten. Das meine ich, wenn ich sage: Wir haben ein fundamentales, weltweites angebotsseitiges Problem. Ein tiefgreifender Strukturwandel ist unausweichlich.

*Und das lässt sich nicht so einfach mit ein paar Billionen Euro zuschütten?*

White: Wir haben eine Menge sehr schwerwiegender Probleme. Wir haben an allen Ecken und Enden Überkapazitäten. Millionen Menschen brauchen neue Jobs. Wir werden garantiert nicht zur Weltwirtschaft der Jahre 2002 bis 2007 zurückkehren. Wir müssen den Wandel akzeptieren und vorantreiben. Nur eine Menge Geld auszugeben, wird jedenfalls nicht reichen.

*Sie meinen ernsthaft, Regierungen und Notenbanken hätten die Krise einfach geschehen lassen sollen? Gab es denn eine Alternative zu all den Nachfrageprogrammen?*

White: Dies ist eine sehr tiefgehende Frage, die mich an die Debatte zwischen John Maynard Keynes und Friedrich von Hayek in den dreißiger Jahren erinnert. Keynes plädierte für massive staatliche Nachfrageprogramme, Hayek war zunächst dagegen und vertrat die Auffassung, die Wirtschaft solle sich aus sich selbst heraus erneuern. Doch auch er änderte seine Meinung im Zuge der Depression und gestand zu, dass der Staat eine sich selbst verstärkende Abwärtsspirale durchbrechen muss, indem er eine Menge Geld ins System pumpt.

*Also war nicht alles falsch, was die G20 bislang gemacht haben?*

White: Nein, aber dabei darf es nicht bleiben. Die Regierungen müssen dem grundlegenden Problem ins Auge sehen. Wir müssen unsere Produktionsmuster ändern. Und das wird enorm wehtun. Viele Leute werden ihre Jobs verlieren. Sie brauchen neue. Wie schaffen wir diese Transformation auf eine effiziente und zugleich menschenwürdige Art und Weise? Eine angebotsorientierte Strategie, die an den mikroökonomischen Strukturen ansetzt – das gehört jetzt ganz oben auf die politische Agenda.

*Aber zunächst einmal heißt das: Wir müssen niedrigere Wachstumsraten akzeptieren. Oder?*

White: In der Tat. Das Potenzialwachstum sinkt – der langfristige Wachstumspfad der Wirtschaft ist durch die Krise abgeknickt. Wer das nicht sehen will, wird die nächsten Fehler begehen.

*An welche Fehler denken Sie?*

*White*: Übermäßige Staatsdefizite. Zu niedrige Leitzinsen. Steigende Inflationsraten. Eine Abschwächung des Potenzialwachstums bedeutet: Die fiskalischen Spielräume schrumpfen – in Wirklichkeit steht es um die Staatshaushalte noch viel schlimmer als gedacht. Die finanzpolitische Manövrierfähigkeit ist enorm eingeschränkt. Außerdem: Die Wirtschaft erreicht früher die Überhitzungsschwelle als bisher. Um die Inflation unter Kontrolle zu halten, müssten die Notenbanken früher als bisher die Zinsen erhöhen. Ob sie das rechtzeitig tun werden? Ich hoffe es sehr.

Ich fürchte, White hat recht. Die Welt scheint nichts gelernt zu haben aus dem Boom-Crash-Muster seit Mitte der neunziger Jahre. Politiker und Industrielobbyisten reden erneut von einem *Credit Crunch*, von einer Kreditklemme, die man dringend überwinden müsse – als ob immer weiter steigende Schulden nicht in die Krise geführt hätten. Als ob die Fortsetzung eines Irrwegs letztlich ans Ziel führen könnte. Irgendeinen vermeintlich triftigen Grund gibt es immer, warum gerade jetzt die Zinsen nicht erhöht werden dürfen, warum die Bürger gerade jetzt nicht mehr sparen dürfen und warum gerade jetzt die Staatshaushalte nicht saniert werden dürfen.

Kürzlich besuchte ich die Jahrestagung der Beobachter der Europäischen Zentralbank (EZB). Chefvolkswirt Jürgen Stark erklärte den Rahmen für eine »Exitstrategie« der EZB – er kündigte die Rückführung der Liquiditätsspritzen an, die die Zentralbank im Zuge der Krise in die Märkte injiziert hatte. Wann? Wie schnell? Das ließ er offen. Stark ist besorgt, dass die Inflation aus dem Ruder läuft. Er sagt es klar und deutlich. Und ich glaube es ihm. Jeder vernünftige Notenbanker ist besorgt wegen der kommenden Inflationsgefahren. Auch Ben Bernanke, der wiederernannte Chef der Fed. Auch Axel Weber, der Präsident der Deutschen Bundesbank, den ich kürzlich zu einem langen Hintergrundgespräch spät abends in Frankfurt traf. Aber sie alle handeln unter großer Unsicherheit – sie wissen letztlich nicht, wann der richtige Zeitpunkt ist, die Zügel straffer zu ziehen, und wie stark sie dann die Wirtschaft abbremsen müssen.

Diese Unsicherheit machen sich die Lobbyisten zunutze. Volks-
wirte der US-Investmentbank Goldman Sachs beispielsweise
trommeln derzeit lautstark dafür, die Liquidität gar nicht wieder
einzusammeln: Wir brauchen gar keine Exitstrategie, argumentieren sie. Irgendwie werde all das Geld, das da draußen durch die
Welt schwappt, schon nichts Schlimmes anrichten. Klar, jede Bank
möchte sich gern möglichst lange quasi umsonst bei der staatlichen Zentralbank refinanzieren können – und mit diesem Geld
spekulieren. Leichter kann man Gewinne nicht machen.

Es ist ein durchsichtiges Spiel: Während die Politlobbyisten
der Großbanken versuchen, strenge Regulierungen der Finanzmärkte zu verhindern, indem sie Politiker und Beamte mit zunehmendem Druck bearbeiten, sind einige – nicht alle – ihrer
Ökonomen dabei, die geldpolitische Debatte in die gewünschte
Richtung zu lenken. Und an Politikern, Notenbankern und Wis-
senschaftlern gehen diese häufig brillant vorgetragenen Argumente nicht spurlos vorbei. Zumal in einer Zeit, da die Arbeitslosigkeit steigt und sich zu verfestigen droht, in einer Zeit, da ganze
Branchen, die in den zurückliegenden Boomjahren aufgebläht
wurden – die Industrie in den Überschussländern, der Bausektor
in den Defizitländern –, ums Überleben kämpfen. Die vielerorts
prekäre wirtschaftliche Lage und die extrem angespannten öffentlichen Haushalte machen Zinserhöhungen äußerst unpopulär. Entsprechend ist die Politik an drastischen Zinserhöhungen
nicht interessiert.

Das Inflationskartell ist nach wie vor intakt. *Here we go again.*

Es ist an der Zeit zu erkennen, dass die Wirtschaftsentwicklung
der vergangenen Jahrzehnte von einigen fundamentalen Irrtü-
mern geprägt war. Nämlich:

- Eine immer weiter steigende Verschuldung der Bürger erlaube
nachhaltige Wohlstandszuwächse.
- Rasch steigende Immobilienpreise und eine rapide Bautätigkeit
könnten nachhaltiges Wirtschaftswachstum begründen.

- Es sei vernünftig, die Industrieproduktion immer weiter zu steigern und immer mehr Güter zu produzieren.

- Außenwirtschaftliche Ungleichgewichte – hohe Defizite (wie in den USA oder in Spanien) oder Überschüsse (wie in Deutschland oder China) in der Leistungsbilanz – stellten kein Problem dar, sondern seien im Gegenteil Ausweis außerordentlicher ökonomischer Kraft (je nach Standpunkt: hohe Attraktivität für ausländisches Kapital) beziehungsweise außerordentlicher internationaler Wettbewerbsfähigkeit.

- Und der Staat solle all das unterstützen – mit niedrigen Leitzinsen, der steuerlichen Absetzbarkeit von Hypothekenzinsen (in den angelsächsischen Ländern), mit laxen Regulierungen, die eine ungehemmte Kreditvergabe ermöglichen, mit Bildungssystemen, deren Ziel es ist, möglichst viele industrielle Facharbeiter heranzubilden (wie in Deutschland), statt möglichst vielen Bürgern die bestmögliche Ausbildung angedeihen zu lassen.

Die Resultate dieser Irrtümer sind jetzt zu besichtigen: grotesk verformte Wirtschaftsstrukturen – aufgeblähte Bau- und Finanzsektoren in den Defizitländern, massive Überkapazitäten in der Industrie in den Überschussländern. Dennoch besteht immer noch der feste Wille, den bisherigen Irrweg weiterzugehen. *Here we go again.*

## Ganz grundsätzlich: Wie funktioniert Wachstum?

Nachhaltige Wohlstandssteigerungen entstehen dadurch, dass Neues in die Welt kommt. Neue Ideen, neue Produkte, neue Dienstleistungen, die das Leben der Bürger verbessern. Denn darum geht es ja letztlich: den Menschen Dinge anzubieten, die sie brauchen, die sie nützlich, schön, erheiternd, erbaulich finden. Wachstum beginnt mit Innovation. In den vergangenen Jahren passierte genau das nicht: Das Wachstum wurde angetrieben, indem immer mehr vom immer Gleichen produziert wurde – immer billiger, an immer kostengünstigeren Standorten. Beispiel Autoindustrie: Seit Anfang der neunziger Jahre wurde ein Werk nach dem anderen gebaut – in Osteuropa, in den US-Südstaaten, in Mexiko, in Korea, China, Indien, Malaysia. Die bestehende Autoindustrie wurde praktisch noch mal neu errichtet, ohne dass die bestehenden Kapazitäten an den traditionellen Standorten in Westeuropa, Japan und im Mittleren Westen der USA nennenswert geschrumpft wären. Immer mehr vom immer Gleichen – die Produkte wurden sich immer ähnlicher. Zwei- oder Viertürer in mehr oder weniger aerodynamischer Form mit Verbrennungsmotor und auch ansonsten ähnlicher Technik. Das Auto wurde mehr und mehr zum homogenen Gut. Zur *Commodity*. Mit der üblichen Folge: Die Preise verfielen. Eigentlich waren viele der produzierten Autos zu Herstellungskosten gar nicht mehr verkäuflich. Nur die Liquiditätsschwemme, die es den Konzernen ermöglichte, über ihre Finanztöchter den Käufern extrem billige Kredite zu geben, hielt den Markt am Laufen. So baute die Autoindustrie weltweite Überkapazitäten von 30 bis 40 Prozent auf.

Wachstum durch immer höhere Verschuldung, nicht durch Innovation – das Spiel der vergangenen Jahre zog sich durch die gesamte Wirtschaft. Was wir in den vergangenen Jahren erlebt haben, sei typisch für die Spätphase eines »Kondratjew-Zyklus«, meint Daniel Stelter, Vordenker bei der Unternehmensberatung Boston Consulting Group (BCG). Die Theorie des Kondratjew-Zyklus beschreibt lange Wachstumswellen, an deren Anfang eine Basisinnovation steht. Eine neue Technologie, die sich allmählich in der Wirtschaft und in der Welt ausbreitet. Die Theorie wurde nach ihrem Entwickler Nikolai Kondratjew benannt, einem sowjetischen Ökonomen, der in den zwanziger Jahren des 20. Jahrhunderts die Wirtschaftsentwicklung in den wichtigsten Ländern seit 1790 anhand eines breiten Sets von Indikatoren analysierte. Damals entdeckte er drei solcher Wellen: die frühe Industrialisierung, basierend auf der Verbreitung der Dampfmaschine und dem Aufbau der Textilindustrie (1780 bis 1840); darauf folgte der zweite Zyklus, basierend auf Eisenbahn und Stahlindustrie (1840 bis 1890); dem dritten Zyklus lag die Verbreitung der elektrischen Energie zugrunde (1890 bis 1940). In den zwanziger Jahren sagte Kondratjew das Auslaufen der dritten Welle voraus, verbunden mit nachhaltigen Wachstumsrückgängen, sodass er bereits damals die Weltwirtschaftskrise der dreißiger Jahre antizipierte. Seither hat es mutmaßlich zwei weitere Wellen gegeben: Ab den vierziger Jahren trieben die Verbreitung des Autos als Massenverkehrsmittel und die petrochemische Industrie das Wachstum, seit den achtziger Jahren Computer und Informationstechnologie.

Durch die Kondratjew-Brille betrachtet, haben wir in den vergangenen Jahren die »Herbstphase« eines Zyklus erlebt, die von übermäßigem Optimismus, stabilen Preisen, niedrigen Zinsen, steigender Verschuldung und dem Aufbau von Überkapazitäten geprägt ist. Während der darauf folgenden »Winterphase« bleibt das Wachstum schwach, hohe Schulden drücken. Diese Periode ist zugleich beängstigend und spannend. Beängstigend, weil soziale Unruhen und politische Destabilisierung drohen und die Gefahr besteht, dass sich extreme makroökonomische Umstände verfestigen, wie das Abgleiten in eine Schuldendeflation oder in eine schuldenfressende Inflation. Spannend, weil sich in dieser Winterphase bereits der nächste Innovationsschub anbahnt, der in die nächste »Frühlingsphase« mündet, wenn sich die neuen Technologien in der Wirtschaft ausbreiten.

Es sieht so aus, als ob wir derzeit in der Winterphase steckten. Nach gängiger Lehre dauert sie rund zwei Jahrzehnte. Ich vermute aber, dass die Dauer heute deutlich verkürzt sein kann, da der nun globale Kommunikationsraum die Ausbreitung neuer Ideen und neuen Wissens stark beschleunigen sollte. Wie schnell sich die Innovationen in der Welt ausbreiten kann, hängt indes stark von politischen Entscheidungen ab: Werden alte Strukturen wie die Autoindustrie mit hohen Subventionen und Handelsschranken konserviert? Oder verhilft der Staat dem Neuen zum Durchbruch durch neue Bildungswege, neue Spezialisierungen in der Wissenschaft, womöglich auch durch Anschubsubventionen für neue Branchen? Stabilisiert die Politik das makroökonomische Umfeld, indem sie für Preisstabilität (weder Inflation noch Deflation) sorgt und die Staatsschulden unter Kontrolle hält? Oder destabilisiert sie die ohnehin schwierige Lage zusätzlich, indem sie das Geldwesen und die Staatsfinanzen komplett ruiniert? Es ist ein schmaler Grat, auf dem Regierungen und Notenbanken in der Winterphase wandeln. Gerade jetzt kommt es entscheidend auf Kompetenz und Verlässlichkeit der Politik an.

Aber die Impulse für den nächsten Frühling müssen letztlich aus der Wirtschaft kommen. Was kommt als Nächstes: neue Energieerzeugung, Nanotechnologie, Biotechnologie? Es ist die Stunde der Unternehmer.

## Wachstum durch innovative Unternehmen

Joseph Schumpeter, der Kondratjews Theorie aufgriff, betonte die Rolle des Entrepreneurs für den Fortschritt. Auf die Unternehmer kommt es an, auf wagemutige Helden der Wirtschaft, die Neuland betreten. An derart energetischen Charakteren leidet die globalisierte Wirtschaft allerdings Mangel. Auch deshalb sind die Produktionsmöglichkeiten der Fantasie der Menschen und ihren Fähigkeiten enteilt. Die im Kondratjewschen Sinne winterliche Situation, in der die globale Wirtschaft derzeit steckt, ist dabei nicht nur eine Folge anonymer Marktprozesse, sondern auch von unternehmerischen Entscheidungen. In den vergangenen Jahren ging es weniger um Innovation. Sondern die Unternehmen konzentrierten sich vor allem auf zwei Strategien: erstens *globale Expansion* – bestehende Geschäftsmodelle wurden weltweit ausgedehnt, Märkte wurden erschlossen durch den Zukauf ganzer Unternehmen und den Aufbau von Produktions-, Distributions- und Vertriebskapazitäten; Ziel war es, globale Skalenvorteile zu realisieren und in einem strategischen Rennen um Unternehmensgröße nicht ins Hintertreffen zu gelangen; zweitens *Standortarbitrage* – die Verlagerung von Prozessen an kostengünstigere Standorte; Unternehmen, auch solche mittlerer Größe, betreiben Standortarbitrage, um sich den hohen Kosten in den reichen Ländern zu entziehen; im Fokus standen insbesondere die Arbeitskosten, aber auch Umweltstandards oder Energiekosten. Die oben erwähnte Autoindustrie ist ein Musterbeispiel für diese Vorgehensweisen.

Doch diese Strategien stoßen jetzt an Grenzen. Denn letztlich geht es beim bisher dominanten Globalisierungsmodell stets um die Replizierung des immer Gleichen – die Ausdehnung bestehender Geschäfte und Produkte auf immer weitere Teile der Erdbevölkerung. Die Folgen: In vielen Branchen sind die Kapazitäten in den vergangenen Jahren so stark ausgeweitet worden, dass nun Überkapazitäten bestehen und es zu einem Verfall der Margen kommt. Das billige Kapital der Jahre bis zum Ausbruch der Finanzkrise 2007 beschleunigte diesen Prozess enorm.

Nun geht es darum, Wachstum aus eigener Kraft zu schaffen. Und das heißt zuallererst: Innovation – die Entwicklung neuer Produkte und neuer Prozesse. Es geht um Kreativität. In der Wirtschaft ist ein Umdenken gefordert. Die Verhaltensweisen eines kreativen Konzerns und eines vor allem auf kostensenkende Standortarbitrage konzentrierten Unternehmens unterscheiden sich fundamental: Kreative Konzerne sind auf Langlebigkeit ausgelegt und häufig auf Unabhängigkeit vom Kapitalmarkt bedacht. Vor allem aber sind sie auf die Akkumulation von Knowhow in stabilen Belegschaften angewiesen, weil sie ein hohes Maß an fach- und firmenspezifischem Wissen benötigen. Erst die jahrelange intensive Beschäftigung mit der Materie innerhalb einer Organisation führt zur Fähigkeit, kreativ und innovativ sein zu können. Die Existenz von »Sozialkapital« – Teamspirit, Vertrauen, Kooperationsbereitschaft, Kultur, Offenheit – ist eine Grundvoraussetzung für innovative Unternehmen: Das Neue kommt weder in einer Gruppe von Einzelgängern in die Welt noch in einem Klima der Angst.

Bislang ist das kreative Element deutlich unterbelichtet. Die globalisierte Wirtschaft leidet an einem eklatanten Mangel: an Geist. Mit all den großartigen zusätzlichen Kapazitäten, mit all den Menschen und Kulturen, die inzwischen am globalen Integrationsprozess teilnehmen, wissen wir noch nicht wirklich Spannendes anzufangen. Der Welt im frühen dritten Jahrtausend mangelt es an Inhalten: Originelles und Originäres sind rar, die Globalisierung ist bislang eine reichlich langweilige Veranstaltung geblieben. In der Folge wird die Welt zugeschüttet mit billigen Produkten. Kopieren statt Innovieren, Masse statt Klasse, Geiz statt Geist – es ist ein eintönig Ding um das globale Wirtschaftsgeschehen. All das ist typisch für einen ausklingenden Kondratjew-Zyklus.

Um dieser Abwärtsspirale zu entrinnen, muss der globale Wettbewerb auf ein anderes Spielfeld wechseln: intellektuell aufrüsten, kreativer werden. Um die »Winterphase« zu überstehen, müssen Unternehmen auf eine Strategie des kopflastigen Wachstums aus eigener Kraft umschalten. Dadurch leisten sie auch einen wichtigen Beitrag, die sozialen und politischen Konflikte zu lindern, die die Gesellschaften insgesamt gefährden.

### Auswege aus dem Dilemma: »die sieben Tugenden«

Was hat zur Krise der Weltwirtschaft geführt, die nun die Stabilität insgesamt gefährdet? Welche Verhaltensweisen und Normen führen uns wieder heraus? Wie müssen sich Wirtschaft, Gesellschaft und Politik umstellen, um das Inflationskartell, das auf künstliches, nämlich liquiditätsgetriebenes Wachstum setzt, zu entmachten? Wie kommen wir zu echtem Wachstum, das beim Schuldenabbau hilft und die Inflationsschwelle anhebt? Im zweiten Teil meines Buchs *Die sieben Knappheiten* habe ich »sieben Tugenden« formuliert, die zusammen eine Alltagsethik für Prosperität im 21. Jahrhundert aufspannen.

## Arbeit

Die Grundvoraussetzung allen Fortschritts. In den vergangenen Jahrzehnten wurde die Arbeit immer weiter aus dem Alltag verdrängt. Für viele wurde sie zur Nebensache, die in eine relativ kleine Nische des Lebens passte. Nicht zu arbeiten ist bis heute akzeptiert in weiten Teilen der europäischen Gesellschaften. Umfassende staatliche Unterstützungen boten eine attraktive Alternative zur Erwerbstätigkeit, die viele nutzten; sie gingen früh in Rente oder verbrachten lange Phasen in Arbeitslosigkeit auf der Suche nach einem attraktiven Job – die Staatskassen zahlten. Aber das ist vorbei.

Das Zusammenwirken von Globalisierung und demografischem Wandel sorgt dafür, dass Gesellschaften unterschiedlicher Altersstruktur miteinander in Konkurrenz stehen. Um nicht ins Hintertreffen zu geraten, sind die alternden Gesellschaften des Westens darauf angewiesen, möglichst viele Menschen in die Wertschöpfung einzubeziehen. Nur eine kleine, reiche Minderheit wird es sich künftig leisten können, nicht zu arbeiten. Und die wird vom Rest der Gesellschaft äußerst kritisch beäugt werden. Dass Arbeitsfähige ihre Zeit mit Nichtstun verbringen, wird in den kommenden Jahrzehnten immer weniger akzeptabel sein.

## Sparen

Der Urgrund der Finanzkrise: In Teilen der westlichen Welt breitete sich in den Jahren des billigen Geldes seit Mitte der neunziger Jahre die Überzeugung aus, Sparen sei hoffnungslos altmodisch. Besonders dramatisch gingen die Sparquoten in den angelsächsischen Ländern zurück: in den USA, in Großbritannien, Australien, Kanada. Aber auch in Dänemark und Finnland, Korea und Japan, Griechenland, in der Tschechischen und der Slowakischen Republik – all diese Nationen haben sich das Sparen ziemlich konsequent abgewöhnt.

Verrückterweise wurden insbesondere die Angelsachsen lange Zeit als vorbildlich dargestellt, gerade für die Bundesrepublik. Konjunkturforscher bewunderten das hohe Wirtschaftswachstum der angelsächsischen Volkswirtschaften, Politiker beschimpften die deutschen »Angstsparer« – nicht mal als Konsumenten taugten die Deutschen noch. Sie müssten mal wieder so richtig Geld ausgeben, dann klappe es auch mit dem Aufschwung.

Auch durch die Finanzkrise hat sich für jeden sichtbar herausgestellt, dass ein solides nationales Angebot an Kapital ein großer und wichtiger Vorteil im globalen Wettbewerb ist. Es beugt nämlich großen globalen Ungleichgewichten vor. Und es schützt vor Erpressungsversuchen seitens ausländischer Kapitalgeber, die womöglich andere als rein wirtschaftliche Motive verfolgen: Staatsfonds oder die Regierungen von Überschussländern.

Sparen hilft auch, den demografischen Wandel abzufedern. Je mehr Geld die kopfstarken aktiven Jahrgänge heute zurücklegen, desto leichter wird es ihnen fallen, das Brechen der demografischen Welle in zwei, drei Jahrzehnten zu meistern. Aber es geht nicht nur um Geld. Es geht um die gesamte Lebenseinstellung: um den verbreiteten Hedonismus, der sich im Erwerb überflüssiger Dinge erschöpft. Statt mehr zu sparen, geben viele Menschen ihr Geld für nutzlose, kurzlebige Dinge aus.

## Kreativität

Arbeit ist die Basis allen Wohlstands, aber in Zukunft geht es vor allem darum, schöpferisch zu Werke zu gehen. Denn auch die postindustrielle »Wissensgesellschaft« ist längst Realität. Wissen ist im Internetzeitalter ubiquitär vorhanden. Sich möglichst viele Fakten ins Hirn zu brennen, reicht nicht mehr aus. Es kommt darauf an, was man daraus macht: neue Ideen ersinnen, bislang unentdeckte Querverbindungen ziehen, vorhandenes Wissen in überraschenden neuen Kombinationen verbinden. In der Phase des Kondratjewschen Winters geht es darum, die Welt mit Neuem zu befruchten. Eine Welt, die durch weltweite Standardisierung und eine gleichförmige, sinnentleerte Massenkultur zu veröden droht.

Es ist durchaus möglich, dass die nächsten Jahrzehnte einige positive Überraschungen bringen: Deutschland und die übrigen westlichen Gesellschaften stehen vor einem Großversuch. Anders als in der Vergangenheit wird künftig eine große Anzahl gut ausgebildeter Menschen für lange Zeit ökonomisch und geistig aktiv bleiben – einfach weil sie es sich nicht mehr leisten können, früh in Rente zu gehen. Sie haben einen geistigen Fundus angesammelt, über den jüngere Gesellschaften nicht verfügen. Und dieses Wissen können sie nutzen, um neue, überraschende Verbindungen zu knüpfen.

Denn darum geht es ja auch beim Innovieren: vorhandenes Wissen auf originelle Weise neu zusammenzubringen. Es könnte sein, dass alternde Gesellschaften eine beispiellose Innovationskraft entwickeln. Und sind nicht bereits heute die alten europäischen Nationen ungleich innovativer als die jungen Gesellschaften Afrikas und des Nahen Ostens? Wo Menschen spätestens mit 50 Jahren krank und schwach werden, ist es schwierig, Wissen und Können zu akkumulieren.

## Solidarität

Die anhaltende Schwächphase bringt Umbrüche mit sich, die sich in individuellen Risiken niederschlagen, die so groß sind, dass sie für die Menschen nur erträglich sind, wenn sie gesellschaftlich und familiär abgesichert werden. Es gibt eine starke Antwort auf diese Unsicherheit und Verunsicherung: Solidarität. Wer das Gefühl hat, er stehe ganz allein da in dieser großen, unüberschaubaren Welt, den kann die Angst schon übermannen. Gegen die Risiken der Turbomoderne helfen kollektive Absicherungsstrategien, die wieder an Bedeutung gewinnen: Nation und Sozialstaat im Großen – Familie, Freunde und Nachbarn im Kleinen.

Die Tugend der Solidarität bietet das Gegengewicht zur Tugend der Offenheit (siehe unten). Beides gehört zusammen: Gesellschaften vermögen sich nur der Welt zu öffnen, wenn sie zusammenhalten; wenn sie in der Lage sind, Veränderungen gemeinsam zu meistern; wenn ihre gemeinsame Identität so stark ist, dass sie das Fremde als Bereicherung verstehen können, nicht als Gefährdung. Offenheit für andere Kulturen, für neue Ideen, für Produkte aus aller Welt – ohne die komplementäre Tugend der Solidarität, ohne ein belastbares Gefühl der Zusammengehörigkeit als Gesellschaft, wird es schwierig.

Die fundamentale Bedeutung der Solidarität ist in den vergangenen Jahrzehnten, als das Leben für immer weitere Teile der westlichen Gesellschaften immer sicherer zu werden schien, in den Hintergrund getreten. Eine Entwicklung, die sich als Folge der Globalisierung und der globalen Krise umkehren dürfte.

## Offenheit

Es ist eine fixe Idee, die gerade in Krisenzeiten wieder mehr Anhänger findet: Wir müssen uns schützen vor all dem Unheil da draußen; wir können uns dem Lauf der Welt entziehen, können die Zeit anhalten und den Wandel an uns vorübergleiten lassen. Wir machen es uns gemütlich in der Überschaubarkeit der Nation und der Region, der Rest ist uns egal, wir machen dicht. So hört man es inzwischen wieder überall auf der Welt.

Protektionismus – Güter, Kapital und Immigranten aus anderen Ländern fern halten, die Abschottung vor dem und den Fremden – entspringt offenbar einem Urreflex des Menschen. Wenn Schwierigkeiten auftauchen, ist das Schließen der Grenzen eine der ersten Optionen, die erwogen werden. Dabei verschärft Protektionismus in aller Regel jene Probleme, die die Protektionisten lösen zu wollen vorgeben. In Wahrheit geht es ihnen natürlich häufig bloß darum, sich lästige Wettbewerber vom Hals zu halten.

Offenheit ist eine Tugend, gerade in Zeiten gravierender ökonomischer, sozialer und ökologischer Krisensymptome. Offenheit fördert die Verbreitung neuer Ideen und lindert die Knappheit des Geistes. Sie beschleunigt die Fähigkeit zur Problemlösung in einer Phase, in der es keine Zeit zu verlieren gibt. Sie hilft, die Versorgung mit immer knapperer Energie und anderen Rohstoffen zu sichern.

So viel ist klar: Der ängstliche Impuls, sich gegen Einflüsse von außen abschotten zu wollen, hilft auf keinen Fall weiter.

## Kooperation

Die Eliten müssen lernen, sich auch unter den neuen Bedingungen Regeln und Institutionen zu unterwerfen, international und innerstaatlich, vor allem aber: freiwillig und aus tiefer Einsicht. Denn ein Dilemma der globalen Wirtschaft in Krisenzeiten besteht darin, dass es einerseits rasch zunehmende wechselseitige Abhängigkeiten gibt, dass aber andererseits keine ordnenden Instanzen existieren.

Die Ära des kapitalistisch-kommunistischen Gegensatzes mit seinen klar gefassten Blöcken ist lange vorbei; die Rolle der USA als einzig verbliebener Hegemonialmacht ist stark dezimiert – wo früher ordnender Einfluss konzentriert war, hat eine Diffusion der Macht ein Vakuum hinterlassen. Eine gefährliche Situation. Denn grenzüberschreitende Konflikte und Probleme schaffen einen Koordinationsbedarf in nie gekanntem Ausmaß. Die globale Agenda ist voll explosiver Themen: Bankenkrise, Weltrezession, Klimawandel, Energieknappheit, Protektionismus, Versorgung von Flüchtlingsströmen aus Hunger-, Dürre- oder Überflutungsgebieten, erratische Wechselkursbewegungen, weltumspannende Finanzmarktkrisen.

Derlei Konflikte dürften sich in den kommenden Jahrzehnten häufen. Doch die Mechanismen und Institutionen, mit denen die Welt bislang darauf reagiert – oder eben: nicht reagiert –, sind unbefriedigend. Wo niemand mehr die Mittel hat, Macht auszuüben und die Weltordnung nach seinen Interessen zu formen, gibt es entweder Chaos – oder das Machtvakuum wird gefüllt durch Kooperation, durch Zusammenarbeit mittels friedlichen Ausgleichs von Einzelinteressen.

Dies ist keine triviale Aufgabe: Eine Vielzahl von Spielern muss zusammenfinden, große und kleine Staaten, Demokratien und Despotien, reiche und arme Volkswirtschaften; außerdem multinationale Konzerne aus unterschiedlichen Branchen und Ländern, Publikumsgesellschaften, Staatskonzerne, Familienunternehmen, Staatsfonds, Nichtregierungsorganisationen mit unterschiedlichen Agenden et cetera. Es ist ein schwieriges Geschäft, das durch die Vielzahl von Spielern, Interessen und Themen nicht einfacher wird. Aber es ist die einzige Option. Leider ist die Welt von einem solch kooperativen Szenario bisher weit entfernt.

## Originalität

In einer Zeit, in der Wissen, Kapital und hochqualifizierte Menschen mobil sind, müssen Standorte in der Lage sein, diese mobilen Faktoren an sich zu binden. Geld allein genügt nicht. Es muss noch etwas hinzu kommen: ein kulturelles Bindegewebe und eine gemeinsame Identität, die eine Gesellschaft zusammenhalten, die die leistungsfähigen Mobilen zum freiwilligen Bleiben bewegen und ihnen Solidarität mit den weniger Glücklichen abverlangen können; ein kollektiver Spirit, ein verbindendes Wir-Gefühl, das die Gesellschaft antreibt; Sichtbarkeit und Unverwechselbarkeit nach außen, die mobile Ressourcen von anderswo anziehen.

Jede Gesellschaft braucht eine Vorstellung davon, wer sie ist, was sie von anderen unterscheidet, was sie besonders gut kann. Denn dies ist ja der Standardratschlag der klassischen Außenhandelstheorie: Wenn die Grenzen offen sind, sollte sich jede Nation auf das konzentrieren, was sie besser kann als andere. Jede Gesellschaft muss in der Lage sein, sich unter den sich rasch verändernden Bedingungen der Globalisierung Wettbewerbsvorteile zu erarbeiten.

Auch im Zeitalter der Globalisierung ist die Welt nicht »flach«, wie häufig in Anlehnung an das vielzitierte Buch des US-Publizisten Thomas Friedman behauptet wird. Sie ist im Gegenteil sogar ziemlich gebirgig. Nur ist die globale Wirtschaftsgeografie inzwischen so beschaffen, dass die Berge rasch erodieren können und dass sich anderswo neue Erhebungen auftürmen. Mobile Produktionsfaktoren lagern sich mal hier und mal dort ab. Es kommt darauf an, sie zu binden.

### Die Rückkehr der Geschichte?

Die Weltwirtschaftskrise, die auf die Finanzkrise folgte, zeigt eindrucksvoll, wie explosiv globale Kettenreaktionen wirken können. Nun droht die Krise nach der Krise: ein Inflationsschock, dem sich letztlich keine Volkswirtschaft vollständig entziehen kann. Um eine Wiederholung der Geschichte zu verhindern, bedarf es einer Neubestimmung der Ziele und Methoden der Wirtschaft. Andernfalls droht ein Rückfall in Abschottung, Aggression und Geldentwertung.

Weit hergeholt? Keineswegs. Auch im 19. Jahrhundert schien sich die liberale Weltordnung unaufhaltsam auszubreiten – bis sie in den Schlachten des Ersten Weltkriegs zerbrach. Wiederbelebungsversuche in den zwanziger Jahren waren nicht nachhaltig erfolgreich: Im Zuge der Großen Depression der dreißiger Jahre schotteten sich die Staaten gegeneinander ab – der Handelskrieg, der die Weltwirtschaftskrise verschärfte, wurde zum Präludium für den Zweiten Weltkrieg, der großen von Menschen gemachten Katastrophe des 20. Jahrhunderts.

Dahinter stecke ein historisches Muster, warnt der Princeton-Historiker Harold James: Alle früheren Globalisierungsepisoden gingen irgendwann zu Ende, und zwar »fast immer mit einem Krieg«. Die Globalisierung sei keine Einbahnstraße. James widerspricht damit vehement der häufig vorgetragenen These, wonach eine offene Wirtschaft quasi automatisch zu Prosperität und Weltfrieden führe, weil sich wirtschaftliche Offenheit, wechselseitige kulturelle Befruchtung und friedliche internationale Konfliktlösung angeblich gegenseitig bedingen. Friede, Freiheit, Wohlstand – dieser Dreiklang mag in manchen historischen Phasen ertönen, irgendwann jedoch stören immer lautere Dissonanzen die Harmonie. Die alte, offene Ordnung bricht zusammen; bis eine neue entsteht, kann es lange dauern. Das jedenfalls ist die Lehre der Geschichte – die sich selbstverständlich nicht zwangsläufig wiederholen muss.

Die Globalisierung ist seit Beginn des 21. Jahrhunderts in eine heikle Phase getreten, die Zweifel an ihrer Stabilität nährt. Krisensymptome gibt es eine Menge: die große Kreditkrise, die vom US-Immobilienmarkt ausging und sich zur globalen Wirtschaftskrise ausgeweitet hat; das Erstarken terroristischer Gruppen, deren destruktives Potenzial sich mit den Angriffen auf die New Yorker Twin Towers am 11. September 2001 schlagartig ins weltweite Bewusstsein einbrannte und die seither eine Kette blutiger Angriffe (unter anderem in Madrid, London, Mumbai) verübt haben; ein zunehmender Vertrauensverlust in die staatlichen Institutionen, auch in den etablierten Demokratien des Westens, der sich in Zynismus, Wahlabstinenz, dem Erstarken radikaler oder populistischer Parteien und in gewalttätigen Jugendprotesten äußert; die Hungerrevolten in vielen Schwellenländern sowie Energie- und Rohstoffengpässe im Zuge der Rohstoffkrise in den Jahren 2007 und 2008.

Allesamt Entwicklungen, die, wenn man sie konsequent weiter denkt, leicht zu Katastrophenszenarien führen können. Plötzlich ist es denkbar, dass etablierte westliche Staaten reihenweise bankrott gehen, dass Verteilungskämpfe die Nationen im Innern zerrütten und gegeneinander in Konflikte stürzen, dass es zu einer weltweiten Hyperinflation kommt.

Extreme Zuspitzungen, sicher. Aber die Welt im beginnenden 21. Jahrhundert ist ein gefährlicher Ort. Sie hat nicht viel gemein mit jenem friedlichen, konfliktarmen, zivilisierten Planeten, den

Francis Fukuyama 1990 imaginierte: *Das Ende der Geschichte* – so der Titel seines Buches – lässt jedenfalls auf sich warten, der historische Mechanismus, in dem These und Antithese aneinander zerren, wirkt nach wie vor mit Macht.

Gefordert sind zunächst die Eliten. Die politischen Eliten müssen neue Formen der Kooperation einüben und Institutionen schaffen, die internationale Konfliktlösungen ermöglichen. Die Wirtschaftseliten müssen die offene Welt als grenzenlosen Ideenraum verstehen, nicht nur als Ansammlung von Standorten mit unterschiedlichen Arbeitskosten. In der bisherigen Ära der Globalisierung ist gewissermaßen die Hardware der globalen Ökonomie geschaffen worden: Infrastruktur, globale Unternehmen, globale Märkte. In Zukunft wird die Herausforderung, und die große Chance, darin bestehen, diese Strukturen mit originellen Inhalten zu füllen – statt sie mit immer mehr Geld zuzuschütten.

# Literatur- und Quellenverzeichnis

*Kapitel 1*

Ahamed, Liaquat: *Lords of Finance. The Bankers Who Broke the World*, New York 2009.

Andreopoulus, Spyros: »Debtflation«, in: *The Global Monetary Analyst*, 21. Oktober 2009.

Bernanke, Ben: *Stabilizing the Finanical Markets and the Economy. Speech at the Economic Club of New York*, New York, 15. Oktober 2008.

Bernanke, Ben: *Semiannual Monetary Policy Report to the Congress Before the Committee on Financial Services, U.S. House of Representatives*, 21. Juli 2009.

Bordo, Michael, Joseph G. Haubrich: *Credit Crises, Money, and Contractions: A historical View. Working Paper 09/08*, Federal Reserve Bank of Cleveland 2009.

Caballero, Ricardo J., Pablo Kurlat: *The »Surprising« Origin and Nature of Financial Crises: A Macroeconomic Policy Proposal. Paper Prepared for the Jackson Hole Symposium on Financial Stability and Macroeconomic Policy*, 20.-22. August 2009.

Cecchetti, Stephen, Marion Kohler, Christian Upper: *Financial Crises and Economic Activity: Paper Prepared for the Jackson Hole Symposium on Financial Stability and Macroeconomic Policy*, 20.-22. August 2009.

Decressin, Jörg, Douglas Laxton: *Gauging Risks for Deflation. IMF Staff Position Note*, 28. Januar 2009.

Deutsche Bundesbank: »Zur Diskussion um Deflationsgefahren in Deutschland«, in: *Monatsbericht Juni* 2003, S. 15–28.

Devir, Eyal, Kenneth Rogoff: *The Three Epochs of Oil. Working Paper*, 13. April 2009.

Draghi, Mario: *Challenges now facing the world economy. At the Seventy-Eighth Meeting of the Development Committee (Joint Ministerial Committee of the Boards of Governors of the Bank and the Fund on the Transfer of Real Resources to Developing Countries)*, 12. Oktober 2008.

Fels, Joachim, Manoj Pradhan, Spyros Andreopoulus: »Could Hyperinflation Happen Again?«, in: *The Global Monetary Analyst*, 28. Januar 2009.

Fels, Joachim, Manoj Pradhan, Spyros Andreopoulus: »Up But Not Tight«, in: *The Global Monetary Analyst*, 7. Oktober 2009.

Fergusson, Niall: *The Ascent of Money. A Financial History of the World*, New York 2008.

Fisher, Irving: »The Debt-Deflation Theory of Great Depressions«, in: *Econometrica* Vol. 1 (1933), S. 337–357.

Internationaler Währungsfonds: *Deflation: Determinants, Risks, and Policy Options – Findings of an Interdepartmental Task Force*, Washington D.C. 2003.

Internationaler Währungsfonds: *Global Financial Stability Report. Market Update*, Washington D.C. 2009.

Internationaler Währungsfonds: *Global Financial Stability Report. Navigating the Financial Challenges Ahead*, Washington D.C. 2009.

Internationaler Währungsfonds: *World Economic Outlook: Sustaining the Recovery*, Washington D.C. 2009.

James, Harold: *Geschichte Europas im 20. Jahrhundert. Fall und Aufstieg 1914 bis 2001*, München 2004.

OECD: *Economic Outlook*, Paris 2009 (Juni).

Persaud, Avinash: »Unterdrückung der Banken«, in: *manager magazin* 2/2009, S. 70–71.

Reinhard, Carmen M., Kenneth S. Rogoff: *The Aftermath of Financial Crises, Working Paper*, 19. Dezember 2008.

Rogoff, Kenneth: Interview in *Central Banking* Volume 19, Number 3, 2009.

Sachverständigenrat zur Begutachtung der gesamtwirtschaftlichen Entwicklung: *Jahresgutachten 2008/09, Die Finanzkrise meistern – Wachstumskräfte stärken*, 12. November 2009.

Simmel, Georg: *Philosophie des Geldes*, Frankfurt am Main 2008.

Steinbrück, Peer: »Nein, Spaß macht es nicht!«, Interview in: *manager magazin* 8/2009.

White, William: *Should Monetary Policy »Lean or Clean«? Working Paper*, Center for Financial Studies Frankfurt am Main, 27. Mai 2009.

Yared, Francis, Thomas Mayer: »On Fiscal Deficits and Inflation«, in: *Deutsche Bank Global Economic Perspectives*, 2. September 2009.

*Kapitel 2*

Akerlof, George, Robert Shiller: *Animal Spirits. Wie Wirtschaft wirklich funktioniert*, Frankfurt/New York 2009.

Allard, Céline: *Competitiveness in Central-Europe: What Has Happened Since EU Accession? IMF Working Paper 09/121*, Washington D.C. 2009.

Bank für Internationalen Zahlungsausgleich: *Household Debt: Implications for Monetary Policy and Financial Stability. Proceedings of a Joint Conference Organised by the BIS and the Bank of Korea in Seoul on 28 March 2009. BIS Papers No. 46*, Basel 2009.

Bartsch, Elga: »Taylor-ing rates for the exit«, in: *The Global Monetary Analyst*, 29. Juli 2009.

Beyer, Andreas, Vitor Gaspar, Christina Gerberding, Otmar Issing: *Opting Out of the Great Inflation. German Monetary Policy After the Break Down of Bretton Woods. ECB Working Paper No. 1020*, Frankfurt am Main 2009.

Bini Smaghi, Lorenzo: *Solvency, Systemic risk and Moral Hazard: Where Does the Central Bank's Role Begin and Where Does it End?*, Präsentation bei der *ECB Watchers Conference* in Frankfurt am Main am 5. September 2008.

Borio, Claudio, Haibin Zhu: *Capital regulation, risk-taking and monetary policy: a missing link in the transmission mechanism? BIS Working Papers No. 268,* Basel 2008.

Disyatat, Piti: *Monetary Policy Implementation: Misconceptions and Their Consequences. BIS Working Papers No. 269,* Basel 2008.

Eichengreen, Barry: »The Last Temptation of Risk«, in: *The National Interest,* Mai/Juni 2009.

Eichengreen, Barry: »Stress Test for the Euro. Countries Tempted to Abandon the European Currency Face Formidable Barriers«, in: *Finance & Development,* Juni 2009.

Europäische Kommission: *Special Report: Competitiveness developments within the euro area. Quarterly Report on the Euro Area,* Volume 8, No. 1 (2009).

Europäische Kommission: »Impact of the Current Economic and Financial Crisis on Potential Output«, in: *European Economy Occasional Papers 49,* Juni 2009.

Freedman, Charles, Douglas Laxton: *Why Inflation Targeting? IMF Working Paper 09/86,* Washington D. C. 2009.

Junius, Karsten: »Fünf Inflationsszenarien für die USA und Euroland«, in: *DekaBank Volkswirtschaft Spezial,* 14. Juli 2009.

Junius, Karsten, Ulrich Kater, Carsten-Patrick Meier, Henrik Müller: *Handbuch Europäische Zentralbank,* Bad Soden 2002.

Keynes, John Maynard: *The General Theory of Employment, Interest, and Money,* Cambridge 1936.

Kotz, Hans-Helmut: Interview mit dem Autor im November 2008.

Mayer, Thomas: »Der Nährboden der Krise«, Interview in: *manager magazin online,* 22. Dezember 2008.

Mayer, Thomas, Michael Biggs: »The Output Gap Conundrum«, in: *Deutsche Bank Global Economic Perspectives,* 22. Juli 2009.

Müller, Henrik: »Warten auf Bewegung«, in: *manager magazin* 12/2002, S. 146–159.

Müller, Henrik: *Wirtschaftsirrtümer. Richtigstellungen von Arbeitszeitverkürzung bis Zinspolitik,* Frankfurt am Main 2004.

Müller, Henrik: »Mit dem Rücken zur Wand«, in: *manager magazin* 1/2009, S. 96–102.

Muth, John A.: »Rational Expectations and the Theory of Price Movements«, in: *Econometrica* 29, No. 6 (1961), S. 315–335.

N.N: »What went wrong with economics«, in: *The Economist*, 16. Juli 2009.

OECD: *Monetary Policy, Market Excesses and Financial Turmoil. Economics Department Working Paper No. 597*, 10. März 2008.

Orphanides, Athanasios: *Historical Monetary Policy Analysis and the Taylor Rule. The Board of Governors of the Federal Reserve System Working Papers*, Juni 2003.

Orphanides, Athanasios: »Taylor Rules«, in: *Federal Reserve Board Finance and Economics Discussion Series*, 18/2007.

Remsperger, Hermann: *Stabilising the Economy and the Financial System – Lessons and Challenges for Monetary Policy and Supervision. Keynote Speech at the 16th Central Banking Seminar of the Bank of Korea on »Global Stagflation Threat and Monetary Policy«*, 21. Oktober 2008.

Sekine, Toshitaka: *Another Look at Global Disinflation. BIS Working Papers No. 283*, Basel 2009.

Sgherri, Silvia, Edda Zoli: *Euro Area Sovereign Risk During the Crisis. IMF Working Paper 09/222*, Washington D.C. 2009.

Stella, Peter: *The Federal Reserve System Balance Sheet: What Happend and Why it Matters*, IMF Working Paper 09/120.

Stark, Jürgen: »Wir müssen sehr aufpassen«, Interview in: *manager magazin online*, 18. Dezember 2008.

Thaler, Richard: »Markets Can Be Wrong And The Price Is Not Always Right«, in: *Financial Times*, 5. August 2009, S. 7.

Trichet, Jean-Claude: *Credible Alertness Revisited. Intervention by the President of the ECB at the Symposium on Financial Stability and Macroeconomic Policy sponsored by the Federal Reserve Bank of Kansas City*, 22. August 2009.

Weber, Axel: *Reflections on the Financial Crisis*, Mais Lecture, Cass Business School, London, 13. Mai 2009.

Weber, Axel: *Globale Finanzkrise – Reaktionen und Lehren*, Rede bei der 60. Jahresversammlung des ifo Instituts für Wirtschaftsforschung in München, 23. Juni 2009.

White, William: *Should the Authorities Lean Against Credit Bubbles or Clean Up Afterwards? Prepared for a Monetary Policy Round Table at the Bank of England*, London, 30. September 2008.


## Kapitel 3

Balassone, Fabrizio, Jorge Cunha, Geert Langenus, Bernhard Manzke, Jeanne Pavot, Doris Prammer, Pietro Tommasino: *Fiscal Sustainability and Policy Implications for the Euro Area. ECB Working Paper No. 994*, Frankfurt am Main 2009.

Bernanke, Ben: *The Crisis and the Policy Response*, Stamp Lecture, London School of Economics, 13. Januar 2009.

Borensztein, Eduardo, Ugo Panizza: *The Costs of Sovereign Default. IMF Working Paper 08/238, Washington D.C., 2008.*

Boss, Alfred: *Finanzpolitik und Produktionspotenzial in Deutschland. Kieler Arbeitspaper Nr. 1324*, Kiel 2007.

Bräuninger, Michael, Cornelia Koller, Michael Langer, Wolfgang Pflüger, Jörn Quitzau: *Staatsverschuldung. Strategie 2030. Vermögen und Leben in der nächsten Generation. Gemeinsame Studie der Berenberg Bank und des HWWI*, Hamburg 2009.

Deutsche Bundesbank: »Demographischer Wandel und langfristige Tragfähigkeit der Staatsfinanzen in Deutschland«, in: *Monatsbericht*, Juli 2009, S. 31–47.

Europäische Kommission: *Quarterly Report on the Euro Area*, 2/2009.

Europäische Kommission: »Public Finances in EMU 2009«, in: *European Economy* 5/2009.

Europäische Kommission: »2009 Ageing Report: Economic and Budgetary Projections for the EU-27 Member States (2008–2060)«, in: *European Economy* 2/2009.

Europäische Kommission: »Public Finances in EMU 2008«, in: *European Economy* 10/2009.

Europäische Zentralbank: »Rotating Voting Rights in the Governing Council of the ECB«, in: *ECB Monthy Bulletin*, Juli 2009, S. 91–99.

González-Páramo, J. M.: Fiscal *Policy and the Financial Crisis: the Need for an Effective Exit Strategy*, Präsentation bei der *ECB Watchers Conference* in Frankfurt am Main, 4. September 2009.

Hooper, Peter, Torsten Slok: »Implications of Obama Fiscal Expansion on Treasury Yields«, in: *Deutsche Bank Global Economic Perspectives*, 14. Januar 2009.

Hooper, Peter, Thomas Mayer, Torsten Slok: »The Coming Rebound in US Household Saving«, in: *Deutsche Bank Global Economic Perspectives*, 28. Januar 2009.

Internationaler Währungsfonds: *Fiscal Implications of the Global Economic and Financial Crisis. IMF Staff Position Note 9. Juni 2009, SPN/09/13*, Washington D.C. 2009.

Mayer, Thomas, Michael Biggs: »Fiskalpolitische Maßnahmen zur Nachfragestimulierung«, in: *Deutsche Bank Research Konjunktur & Märkte*, 16. Januar 2009, S. 3–11.

OECD: *Economic Survey on the Euro Area*, Paris 2009.

Price, Robert, Isabelle Journard, Christophe André, Makoto Minegishi: »Strategies for Countries with favourable fiscal positions«, in: *OECD Economics Department Working Papers* No. 665, 17. Dezember 2008.

Reinhart, Carmen M., Kenneth S. Rogoff: *Banking Crisis: An Equal Opportunity Menace. Working Paper*, 17. Dezember 2008.

Sachverständigenrat zur Begutachtung der gesamtwirtschaftlichen Entwicklung: *Jahresgutachten 2009/10. Die Zukunft nicht aufs Spiel setzen*, 13. November 2009.

Standard & Poor's: *Criteria, Governments, Sovereigns – Sovereign Credit Ratings: A Primer*, New York 2008.

Standard & Poor's: *Research Update: United States of America AAA/A-1+' Ratings Affirmed. Outlook Stable*, New York 2009.

Standard & Poor's: *Sovereign Ratings Sag Under the Global Economic Strain*, New York 2009.

Tanzi, Vito, Schuknecht Ludger: *Public Spending in the 20th Century. A Global Perspective*, Cambridge 2000.

Zemanek, Holger, Ansgar Belke, Gunther Schnabl: *Current Account Imbalances and Structural Adjustment in the Euro Area: How to Rebalance Competitiveness*. *CESifo Working Paper No. 2639*, München 2009.


*Kapitel 4*

de Beaufort Wijnholds, J. Onno, Lars Sondergaard: *Reserve Accumulation, Objective or By-Product? ECB Working Paper No. 73*, Frankfurt am Main 2007.

Bank für Internationalen Zahlungsausgleich: *79th Annual Report 1. April 2008 – 31. März 2009*.

Cova, Pietro, Massimiliano Pisani, Alessandro Rebucci: *Global Imbalances: The Role of Emerging Asia. IMF Working Paper 09/64, Washington D.C.* 2009.

Deutsche Bundesbank: *Devisenkursstatistik. Statistisches Beiheft zum Monatsbericht 5. Juli 2009*.

Eichengreen, Barry: *Out of the Box. Thoughts about the International Financial Architecture. IMF Working Paper 09/116, Washington D.C.* 2009.

Europäische Kommission: »The International Role of the Euro«, in: *Quarterly Review of the Euro Area* 4/2007, S. 23–28.

Europäische Zentralbank: »The Accumulation of International Reserves«, in: *ECB Occasional Paper Series* No. 43, Februar 2006.

G20: *Leaders' Statement: The Pittsburgh Summit*, 24.–25. September 2009.

Guo, Kai, Papa N'Diaye: *Is China's Export-led Growth Sustainable? IMF Working Paper 09/172, Washington D.C.* 2009.

James, Harold: »Instabile Situation«, in: *manager magazin* 1/2008, S. 106–108.

Ma, Guonan, Zhou Haiwen: *China's Evolving External Wealth and Rising Creditor Position*, BIS Working Papers 286, Juli 2009.

Müller, Henrik: *Großmacht Euro – Sprengsatz für die Weltwirtschaft?* Bonn 1999.

Müller, Henrik: *Wechselkurspolitik des Eurolandes – Konfliktstoff für die neue währungspolitische Ära*, Frankfurt am Main 1999.

Müller, Henrik: »Das Weltgeld«, in: *manager magazin* 2/2008, S. 90–98.

Müller, Henrik: »Chronisch unglaubwürdig«, in: *manager magazin* 8/2008, S. 82.

Papaioannou, Elias, Richard Portes, Gregorios Siourounis: *Optimal Currency Shares in International Reserves. The Impact of the Euro and Prospects for the Dollar. ECB Working Paper No. 694*, Frankfurt am Main 2006.

Poser, Jan: *Die USA – ein Ponzi-Schema?*, Sarasin Economic & Strategy Research, 7. September 2009.

Steinbrück, Peer: Rede des Bundesministers der Finanzen anlässlich der Internationalen Steuerkonferenz zur gemeinsamen konsolidierten Körperschaftsteuer-Bemessungsgrundlage im Rahmen der deutschen EU-Ratspräsidentschaft am 15. Mai 2007.

White, William: *Globalisation and the Determinants of Domestic Inflation. BIS Working Paper No. 250*, Basel 2008.

White, William: *The US, Europe and China: Different Tools, Different Realities*, Paper für ein Seminar an der Central Bank of Argentina: »Financial Turmoil: Its Effects on Developed and Emerging Economies«, Buenos Aires, 1. September 2008.

Woolridge, Philip D.: »The changing composition of official reserves«, in: *BIS Quarterly Review*, September 2006, S. 25–38.

Zhou Xiaochuan: *Reform the International Monetary System*, Aufsatz des Chefs der chinesischen Notenbank, veröffentlicht am 23. März 2009 auf der Website der Bank (http://www.pbc.gov.cn/english/detail.asp?col=6500&id=178).

*Kapitel 5*

Deutsche Bundesbank: »Wachstumseffekte hoher Energiepreise: jüngere Evidenz für Deutschland«, in: *Monatsbericht Juni 2009*, S. 31–47.

International Energy Agency: *World Energy Outlook 2007*, Paris 2007.
Intergovernmental Panel on Climate Change: *IPCC Fourth Assessment Report*, Genf 2007.
Internationaler Währungsfonds: *World Economic Outlook Spring 2007*, Washington D.C., 2007.
Müller, Henrik: *Die sieben Knappheiten*, Frankfurt/New York 2008.
OECD: *The Economics of Climate Change Mitigation. Policies and Options for Global Action Beyond 2012*, Paris 2009.
Sheiner, Louise, Daniel Sichel, Lawrence Slifman: *A Primer on the Macroeconomic Implications of Population Aging. Finance and Economics Discussion Series. Divisions of Research & Statistics and Monetary Affairs, Federal Reserve Board*, Washington D.C. 1/2007.
Stern, Nikolas: *Stern Review – The economics on climate change*, London 2007.
United Nations Organisation: *World Population Prospects. The 2006 Revision*, New York 2007.
United Nations Development Programme: *Human Development Report 2006. Beyond Scarcity: Power, Poverty and the Global Water Crisis*, New York 2006.

## Kapitel 6

Bee, Alessandro: »Exit from the zero rate policy: ›When‹ rather than ›How‹«, in: *Sarasin Fixed Income Strategy*, 30. Juli 2009.
Becker, Sebastian: »Is the Next Liquidity Glut Under Way?«, in: *Deutsche Bank Research Current Issues*, 30. Juli 2009.
Eichengreen, Barry: *The Global Credit Crisis as History. Working Paper*, Dezember 2008.
Fels, Joachim, Manoj Pradhan, Spyros Andreopoulos: »The Peloton Holds Firm«, in: *The Global Monetary Analyst*, 4. November 2009.
N.N.: »Pure speculation bubble«, in: *Financial Times*, 29. Juli 2009, S. 10.
Friedman, Thomas: *The World is Flat. A Brief History of the 21rst Century*, New York 2005.

Fukuyama, Francis: *The End of History and the Last Man*, New York 1992.

Hirn, Wolfgang, Henrik Müller: »Auf der Kippe«, in: *manager magazin* 3/2008.

James, Harold: »Globalization, Empire and Natural Law«, in: *International Affairs* 83:3, 2008.

Lamont, James: »Inflation Alert Over India's Rising Deficit«, in: *Financial Times*, 29. Juli 2009, S. 7.

Müller, Henrik: *Wirtschaftsfaktor Patriotismus. Vaterlandsliebe in Zeiten der Globalisierung*, Frankfurt am Main 2006.

Müller, Henrik: »Rethinking Globalisation – an Agenda for Phase 4«, in: *Globalisation 2.0. A Roadmap to the Future from Leading Minds*, Berlin 2009.

Müller, Henrik, Ulric-Torsten Papendick: »Die Hunger-Hausse«, in: *manager magazin* 6/2008.

Nielsen, Erik: *Deflationary Versus Inflationary Risks: When and How to Exit QE and Credit Support?*, Präsentation bei der *ECB Watchers Conference* in Frankfurt am Main, 4. September 2009.

Papademos, Lucas: »EZB wird drohende Inflation ›nicht tolerieren‹«, in: *Handelsblatt*, 29. Juli 2009.

Posen, Adam: »It's not just about the Money«, in: *The International Economy* Spring 2008, S. 10–11.

Pradhan, Manoj: »EMerging Challenges for Central Banks«, in: *The Global Monetary Analyst*, 22. Juli 2009.

Pradhan, Manoj: »The Peloton, the ›Elastic Band Effect‹ and Monetary Policy«, in: *The Global Monetary Analyst*, 2. September 2009.

Pradhan, Manoj: »Reversing Excessive Excess Reserves«, in: *The Global Monetary Analyst*, 28. Oktober 2009.

Rhodes, David, Daniel Stelter: »Confronting the New Realities of a World in Crisis«, in: *Collateral Damage Part 5*, Boston Consulting Group, 4. März 2009.

Roach, Stephen: »Es ist nicht zu akzeptieren, dass Deutschland sich beklagt«, in: *Die Welt*, 30. Juli 2009, S. 10.

Rostow, Walt W.: *Theories of Economic Growth from David Hume to the Present*, Oxford 1990.

Schumpeter, Joseph: Theorie der wirtschaftlichen Entwicklung, Erstausgabe Leipzig 1912.

Stark, Jürgen: *The ECB's Monetary Policy: Preserving Price Stability in Times of Financial Distress*, Präsentation bei der *ECB Watchers Conference* in Frankfurt am Main, 4. September 2009.

Stelter, Daniel: *Zukunft des Industriestandorts Deutschland*, Studie für *manager magazin*, 1. April 2009.

Stelter, Daniel: »Die Zeiten werden noch härter«, in: *manager magazin online*, 10. Mai 2009.

White, William: Gespräch mit dem Autor im September 2009.